바다를 꿈꾸는 개구리

바다를
꿈꾸는 개구리

성공과 행복을 부르는 긍정의 힘

유영석 지음

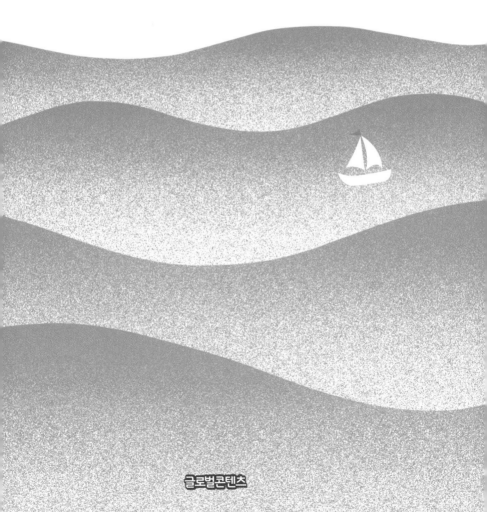

글로벌콘텐츠

꿈들이
파릇이 피어나길

누구나 삶의 일기장이 있다. 가슴에 품은 그 일기장을 꺼내보며 과거를 추억하고 내일을 그려본다. 나만이 아는 이야기도 그 안에 빼곡하다. 그러니 그 일기장을 남에게 보여주는 것은 설레면서도 두려운 일이다. 내 삶의 그림자까지도 들춰야 하니 말이다.

살아온 삶의 절반은 삼성이라는 울타리에 있었다. 그 안에는 내 인생의 희로애락이 온전히 담겨있다. 직장인은 날마다 성장통을 앓는다. 업무의 스트레스가 통(痛)이라면, 아픔을 견디며 자라는 것은 성(成)이다. 돌이켜보면 나는 성장통을 앓으면서 아프다고 호소하기보다는 성장하는 자신을 응원하지 않았나 싶다. 그 덕에 우물 안 개구리가 개울을 건너 강으로 향하며 살았다.

울타리를 벗어난 것은 50대 중반이었다. 상실감과 회한이 가슴에 스미고 허허벌판에 내팽개쳐진 느낌이었지만 그 공허함을 '긍정의 힘'으로 채우고 다시 내 길을 걸었다. 나이 60에 박사학위를 받고 대학 교단에 섰을 때는 가슴이 뭉클했다. 문화촌 판잣집에서 '가난'이라는 두 글자를 가슴에 새기고 산 내가 학생들에게 꿈을 이야기하게 되었으니, 어린 소년의 꿈을 절반쯤은 이룬 것 아닌가 하는 생각도 들었다.

우리는 모두 배우다. 삶은 막을 바꿔가며 인생의 무대를 오르내린다. 2022년 2월 대학을 정년퇴임하고 특임교수라는 타이틀을 선물로 받았지만 다시 인생 3막에 올라야 했다. 육체는 60대 중반이지만 인생의 태양은 정오를 조금 지나 여전히 빛나고 있으니, 곧 다른 공연을 준비해야 했다.

2022년 9월 블로그 '긍정의 힘'을 개설해 글짓기를 시작했다. 경영지
도사로 중소기업들에 혁신의 지도를 그려주고, 대학에서 후학들에게 꿈
을 심어주었지만 이제는 글을 통해 성공과 행복의 긍정 바이러스를 퍼뜨
리고 싶었다. 필연은 우연의 옷을 입고 나타난다고 했던가. 40년 동안 인
연을 이어온 가재산 회장님의 권유로 한국디지털문인협회에 가입했고,
문인들의 응원 덕에 부족한 글을 책으로 엮게 되었다.

꽃길만 걷는 삶이 얼마나 되겠는가. 내가 걸어온 길에도 곡절이 많다.
부족한 삶의 일기장을 공개하려니 부끄러운 마음이 든다. 그래도 둘러보
면 세상이 다 스승이라 했으니, 그간의 경험과 생각이 누군가의 길을 밝히
는 나침반이 되었으면 하는 마음이다. 삶의 흔적에 인문의 향기를 덧입혀

교양과 자기계발에 도움을 주고자 책을 구성했지만 부족한 데가 많다. 스스로 더 정진해 부족함을 채워야겠다고 다짐한다.

용도 꿈이 없으면 한낱 미꾸라지일 뿐이고, 미꾸라지도 꿈을 꾸면 용이 되어 하늘로 오른다. 아름다운 건 장미꽃만이 아니다. 새로운 꿈을 꾸고 새로운 길을 당당히 걸어가는 발길은 모두 아름답다. 『바다를 꿈꾸는 개구리』가 독자들의 빛나고 푸른 삶에 응원가가 되기를 바란다. 늘 기도해주시는 하늘에 계신 부모님께 이 책을 바치며, 책이 나오기까지 넘치게 응원해준 사랑하는 아내, 표지와 각 장의 삽화를 디자인해 준 딸 수아, 아들 동빈에게 고마움을 전한다.

- 2023년 봄의 문턱에서

차례

차례

4장   행복한 삶을 위하여

1장
희망의 응원가

바다를 꿈꾸는 개구리

정중지와(井中之蛙)는 좁은 식견을 비웃는 말이다. 넓은 세상은 못 보고 우물 안에서 몇 평 하늘만 쳐다보는 개구리를 이른다. 장자(莊子)는 소견이 좁은 사람을 '우물 안에서 대롱으로 하늘을 올려다보는 개구리'에 빗댔다.

다음은 『장자』 추수 편에 나오는 일화다.

가을 홍수로 황하에 물이 가득하니, 황하를 다스리는 신 하백(河伯)은 천하를 얻은 듯했다. 그러던 어느 날 강을 따라 동해에 이른 하백은 소스라치게 놀랐다. 황하는 동해의 한 줄기 물에 불과했다. 하백이 한숨을 지으며 북해의 신 약(若)에게 말했다.

"'백 가지 도리를 들으면 저만한 사람이 없는 줄 안다'는 속담이 바로 저를 두고 한 말인 듯합니다. 공자의 지식이 작고 백이의 절개가 가볍다는 말을 지금까지 믿지 않았습니다. 하지만 지금 바다의 끝이 없음을 보고 하마터면 큰일 날 뻔했다는 생각이 듭니다."

약이 겸손하게 말을 받았다.

"우물 안 개구리에게 바다를 얘기해도 소용없는 일입니다. 평생을 우물에 갇힌 탓이지요…. 세상에는 나보다 큰 물은 없습니다. 하지만 나 또한 하늘과 땅 사이에 있는 것이니 조그마한 돌멩이나 작은 나무가 거대한 산에 있는 격이지요."

조엘 오스틴의 『긍정의 힘』에 나오는 개구리 이야기도 함의가 서로 맞닿는다. 시골의 조그만 우물에서 살던 작은 개구리가 우물로 내려온 한 줄기 빛에 호기심을 느껴 벽을 타고 올라 새로운 세상을 봤다는 게 골자다. 작은 개구리는 우물에서 나와 연못을 보고 호수를 본 뒤 더 큰 바다까지 나아갔다. 저자는 글에서 하나님이 자신에게 주신 복에 비하면 우물 안에서 누렸던 모든 행복은 양동이 속 물 한 방울에 지나지 않는다고 고백한다.

올챙이가 개구리가 되는 것은 생물학적 진화다. 뒷다리와 앞다리가 나오고 꼬리가 짧아지며 눈, 코, 입이 생기는 건 의지와는 무관하다. 올챙이는 개구리와 달리 어려서는 물 밖에 나가지 못하고 땅 위에서 먹이를 낚아채지도 못한다. 무럭무럭 자라 마침내 개구리가 되어서야 헤엄을 치고 우물에서 놀게 된다. 하지만 개구리가 우물 안에서 안주할지, 더 넓은 세상으로 나아갈지는 의지에 관한 일이다. 우물 안에서 대롱으로 하늘을 올려다보며 천하를 논할지, 넓은 바다로 나아가 천하를 휘저을지는 선택의 문제다. 『긍정의 힘』에 나오는 개구리는 '안주'라는 울타리를 용기 있게 박차고 나왔다. 한 줄기 빛(희망)에 벽을 타고 오르는 도전을 시도한 것이다. 개구리는 7전 8기의 도전 끝에 연못-호수-바다까지 이르는 신천지를 만났다. 신천지는 스스로 개척한 땅이다. 갇히면 양동이 속 물 한 방울이지만 뚜껑을 열고 나오면 바다도 품는 게 세상 이치다.

희망은 두려움을 타고 오른다. 희망으로 가는 사다리는 두려움이라는 계단이다. 그 계단에는 절망, 좌절, 불안, 공포가 버티고 앉아 희망으로 가는 발목을 잡는다. 우물 벽을 오르는 개구리는 두려웠을 것이다. 미끄러져 우물로 추락하지는 않을까, 우물 밖에는 뭐가 있을까, 혹시 잡아먹히지는 않을까…. 별별 생각이 머리를 스쳤을 것이다. 두려움에 져 벽을 오르지 않으면 우물 안을 세상의 전부라 착각하며 평생을 갇혀 산다. 만약 작은 개구리에게 희망도 없고 도전도 없었다면 아무런 변화도 일어나지 않았을 것이다. 도전하지 않으면 실패도 없다. 하지만 그건 평생 그 자리인 삶, 아니 날마다 몇 걸음씩 후퇴하는 삶이다.

나도 어린 시절 홍제동 문화촌에 갇힌 우물 안 개구리였다. 하지만 방은 작아도 꿈은 크게 꿨다. 아버지가 늘 강조하신 '성실'과 '매듭짓기'를 가슴에 품고 주어진 일에 최선을 다했다. 제일모직 관리과에 다니다가 입대를 했고, 제대 후에는 삼성그룹 비서실 인사팀에서 일했다. 삼성물산 일본지사 주재원, 아이마켓코리아 영업 상무, 무림페이퍼 상근감사직에 있을 때도 '소홀'과 '게으름'을 가장 경계했다. 야근을 주간 근무쯤으로 생각했고, 만사 우선순위는 회사 일이었다.

"아빠는 워커홀릭이야."라는 중학생 아들의 말에 충격을 받은 적도 있지만 '직장인의 사명'이라는 속말로 나를 위로하며, 2017년 8월 말 무림페이퍼 감사를 마지막으로 43년간의 회사 생활을 마감했다. 나는 평생을 게으름에 지지 않았다고 자부한다. 일본 주재원으로 근무할 때는 주경야독으로 방송통신대와 사이버 MBA 과정도 마쳤다.

난 늦깎이 학생이다. 당시 한신대학교 정보통신학부 홍성찬 교수의 권유와 평소 품고 있던 꿈이 일치해 다소 두려운 마음으로 한신대 대학원 정보통신학과 박사과정에 입학했다. 회사의 감사 일로 바쁜 와중에도 수업을 받고 박사 논문 쓰는 일에 초인적으로 힘을 쏟았다. 지성이면 감천이라고 했던가. 2017년 8월 논문이 통과되어 공학박사 학위를 받았고, 그해 9월 한신대가 공개 채용한 산학협력 전임교수가 되는 행운을 안았다. 어린 시절의 꿈이 뒤늦게 영글어 교육 봉사로 인생 2막을 살고 있다.

오스트리아 출신 미국 경제학자 조지프 슘페터는 '창조적 파괴(Creative Destruction)'를 강조했다. 그에게서 비롯된 '기업가 정신'은 창조적 파괴의 다른 표현이다. 변화를 두려워하지 않고, 모험을 무릅쓰고, 새로운 세상을 개척하고, 실패를 겁내지 않는 것이 창조적 파괴이자 기업가 정신이다.

꿈은 덩치로 저울질되지 않는다. 새우도 고래의 꿈을 꾸고, 고래도 새우만 한 꿈을 꾼다. 우물 안에서 세상을 다 보는 듯 허세 부리는 사람이 있다. 어쩌면 나도 그 부류인지 모른다. 구구절절 자랑을 늘어놓고 너스레를 떨었지만 우물 안 개구리인 줄 모르고 강을 논하고 바다를 논하는지도 모른다. 내가 나를 보는 게 가장 어둡다고 하지 않았나.

누구나 그릇만큼 담는다. 종지는 결코 대야물을 담지 못한다. 세상이 안 보이면 둘 중 하나다. 어딘가에 갇혀 있거나, 조약돌을 바위로 착각하거나. 세상에 용으로 태어난 삶이 얼마나 되겠나. 그저 그런 개구리로 태어나 한세상 살다 가는 것이 인생이다. 다만 평생을 우물 안에 갇혀 사는 개구리와 우물을 박차고 나와서 바다로까지 진군하는 개구리의 차이가 있을 뿐이다. 용도 꿈이 없으면 한낱 미꾸라지일 뿐이고, 미꾸라지도 꿈을 꾸면 용이 되어 하늘로 오른다.

나는 우물에서 태어난 개구리다. 벽을 타고 세상으로 나와 강으로 바다로 가는 꿈을 꾸는 개구리다.

소년을 만난 추억 여행

장미 향기를 타고 오는 휴대폰 벨소리가 귀에 착 감긴다. 왠지 느낌이 좋다. 기억은 쇠해도 촉은 그대로인가. 초등학교 시절 친하게 지낸 석진이 전화다. 캐나다에서 20년 만에 잠시 귀국해 공항에 도착하자마자 연락을 준 것이다. 반가우면서도 너무 오랜만이라 할 말이 선뜻 떠오르지 않는다. 쌓아 둔 얘기가 많아도 순간 목에 걸리나 보다. 천지가 봄날인 지난해 5월 중순쯤 얘기다.

그간의 안부를 서로 간단히 묻고 나자 석진이가 제안을 했다. 한국에 머무는 동안 어릴 적 삼총사 학순이와 함께 홍제동 문화촌으로 시간 여행을 떠나자고 한다. 인간은 추억을 먹고 산다는데, 나이 들수록 지난 것을 더 그리워한다. 이국땅에 있던 석진이도, 고국 땅에 있던 나와 학순이도 설레는 마음으로 어린 시절의 흔적을 더듬어 보기로 했다.

홍제동은 서울 서대문구에 속한 동네이다. 동쪽으로는 인왕산, 남쪽으로는 안산이 둘러싸고 있는 숲세권 마을이다. 홍제동은 조선 시대 중국을 오가는 사신들이 예복을 갈아입고 입궐 준비를 하던 우리나라 최초의 국립 여관인 홍제원(弘濟院)에서 붙여진 이름이다. 생각해보니 홍제동 문화촌을 떠난 때가 아득하다. 어려서부터 25살 때까지의 흔적이 뭉게구름처럼 피어오르는 곳이 홍제동인데 그동안 참 무심했다. 같은 서울 하늘 아래 있으면서도 정든 그곳을 다시 찾지 않았으니. 여우가 죽을 때는 머리를 제가 살던 굴로 돌린다는데, 살날이 줄어드니 마음이 초심(初心)으로 돌아가는지도 모른다.

어릴 적 삼총사는 지하철 3호선 홍제역에서 만나 추억 여행을 시작했다. 역 앞 거리를 걸으며 오래된 골목길과 더불어 발전해 가는 서울의 모습에서 홍제동이 신구(新舊)의 조화, 나름의 전통적 가치와 의미를 지니고 있음을 새삼 느꼈다. 먼저 눈길을 사로잡은 곳은 홍제동의 명물인 유진상가다. 일부 리모델링으로 겉은 조금 바뀌었지만 정겨운 느낌은 예전 그대로다. 위를 올려다보니 내선순환도로가 청명한 하늘을 길게 가리고 있다. 하늘을 잃고 길을 얻었다는 왠지 씁쓸한 생각이 들었다. 길거리 상점에 북적거리는 사람들의 표정에서 삶의 의미를 느꼈다. 어둡고 지치고 힘들었던 옛 시절의 그림자는 찾아볼 수 없었다.

홍제역 주변을 둘러본 뒤 세검정 방향으로 발길을 돌리니, 어린 시절 구슬치기하며 놀던 홍제초등학교가 우리를 반갑게 맞는다. 추억은 세월이 흘러도 흐려지지 않는지, 첫사랑과 마주친 소년처럼 가슴이 설렌다. 교정에서 나오는 해맑은 어린이들의 맑은 눈망울에 어린 시절의 내가 비치고, 그 시절의 순간순간 추억들이 주마등처럼 스쳐갔다. 교정으로 들어가 운동장을 밟는 발에 전율이 느껴온다.

문화촌은 추억만 남긴 채 옛 흔적을 모두 지웠다. 그래도 어린 시절 홍제동 문화촌을 운동장처럼 누빈 우리 삼총사는 지도 없이도 구석구석이 훤하다. 원래 문화촌은 홍제원 동북쪽에 있는 마을로 1950년대 말 신식 주택인 양옥들이 곳곳에 들어선 데서 유래된 이름인데, 서민들이 살았던 달동네 골목길의 흔적은 전부 사라져 버렸다. 추억의 골목길마다 아파트와 빌라가 들어서서 옛 모습은 오간 데 없었다.

문득 어린 시절 문화촌 판잣집이 떠오른다. 나는 1·4후퇴 때 남한으로 혈혈단신 내려오신 목사였던 아버지와 간호사인 어머니 사이에서 1957년 1월 서울 번동에서 태어났다. 아버지는 어떤 연유에서인지 목사직을 내려놓고 홍제동 문화촌에 정착했다. 그건 우리 집이 나락으로 추락하는 순간이기도 했다. 소년 시절부터 25살 때까지 이곳에서 보냈다. 문화촌 판잣집에서 살기도 하고 달동네 전세, 월세 등 단칸방 이곳저곳을 수시로 옮겨 다니며 집 없는 설움을 겪었다. 달동네에서 물 길러 양동이 지게를 지기도 하고, 이사할 때마다 풀을 쑤어서 신문지에 발라 방 도배하기 일쑤였다. 아버지는 빵 장사와 161번 버스회사 경비원으로, 어머니는 식모살이와 종로구 보건소 가족계획 일로 가정의 생계를 꾸렸지만 밑이 빠졌는지 쌀독은 늘 비어 있었다.

초등학교 때 소풍도 못 가고 마냥 즐거워하는 친구들을 먼발치에서 바라보기만 했던 슬픈 눈망울, 먹고사는 게 너무 힘들어 아버지가 청와대에 쌀 지원을 읍소한 편지, 식모살이 하면서 먹거리를 구해 오신 어머니….

어린 시절 추억의 필름에는 '가난'이라는 두 글자가 곳곳에 아프게 새겨져 있다. 그래도 빵을 팔고난 뒤 리어카 끌며 집에 오던 그 밤에 꼭 잡아준 아버지의 따스한 손길은 잊지 못한다.

삶은 남루해도 아버지는 웃음을 잃지 않으셨다. 그 웃음은 절망에 주저앉지 않으려는 '긍정의 몸짓'이자 '희망의 메시지'였다. 아니, 어쩌면 웃지 않고는 삶의 무게를 견딜 수 없었는지도 모른다. 빵 파는 리어카 옆에서 미소 짓는 아버지의 사진은 천만금을 준대도 바꿀 수 없는 나의 귀중한 재산이다. 흐려진 기억에도 아버지의 웃음은 어제인 듯 생생하다. 아버지는 감사하게도 웃음 DNA를 온전히 내게 물려주셨다.

스코틀랜드 작가이자 정치가 새뮤얼 스마일스는 "하늘은 스스로 돕는 자를 돕는다."고 했다. 내가 스스로 나를 도운 덕인지 홍제초등학교 5학년 때 '우리 집은 판잣집'이라는 동시를 《소년조선일보》에 응모하여 입선했다. 그건 어둠에 비친 한 줄기 희망이었다. 판잣집의 애환 속에서도 좌절하지 않고 희망의 불꽃을 피우는 나를 누군가가 알아주는 듯해 뛸 듯이 기뻤다.

- 우리 집은 판잣집 -

우리 집은 판잣집
기와집만 있는 동네
판잣집은 하나뿐,

빗방울 떨어지면 아버지는 망치 드시고
지붕 위로 올라가시고
바람 불면 어머니는 꼬깃꼬깃 종이로
바람구멍 막으셨지요

추운 새벽 아버지는
나와 동생에게 이불 더 덮어 주시고

조용한 밤
잠드신 어머니 허리 위에
책 펴 놓고 공부하지요
어머니 몸 움직이면
책은 방바닥에 굴러떨어지고요

학교에서 돌아오는 골목길
성적표 불끈 쥐고 마구 뛰어갔어요

가난으로 날개가 꺾인 나는 선생님이 되고픈 꿈을 일단 접고 상업고등학교에 진학했다. 성적으로 장학금을 받는 나름 모범생이었고, 고교 3학년인 1974년 7월에 당시 삼성그룹의 사관학교로 불리던 제일모직 관리과에 공채로 입사해 사회에 첫발을 내디뎠다. 아버지는 회사 첫 출근 날에 기뻐하시며 대문 앞에서 사진까지 찍어 주었다. 그 자상함과 격려 덕에 자식인 내가 무탈하게 세상을 걷고 있다.

친구들과 홍제동 문화촌 시간 여행을 하면서 귀중한 것을 새삼 발견했다. 그건 판잣집이라는 외형보다 그 안에 사는 주인의 마음가짐이 훨씬 중요하고, 냉혹한 현실에서도 꽃을 피우려는 긍정적 마인드가 나를 바꾼다는 사실이다. 그리 보면 홍제동 시간 여행은 내게 다가오지 않은 미래의 체험 여행인 셈이었다.

긍정과 자존은 동전의 앞뒤와도 같다. 자존이 허하면 내가 나를 부정하고 스스로를 학대한다. 현실에 쉽게 안주하고 남과 자주 비교한다. 은근슬쩍 불의와 타협하고 신의를 쉽게 저버린다. 문화촌 판잣집 소년은 어둠 속에서도 긍정과 자존을 잃지 않았다. 비 온 뒤의 무지개를 믿었고, 찬 바람에도 꿈을 꺾지 않았다.

인생 중턱을 훌쩍 넘은 내가 그 소년에게 박수를 보낸다.

누구도 끝은 모른다

인생은 진행형이다. 엔드(End)가 아니라 앤드(And)다. 오늘도 어딘 가를 바라보고 어딘가로 향한다. 아무도 끝을 모르는 게 삶의 묘미다. 그 래서 설레고, 그래서 때로는 두렵다.

삼성그룹의 제일모직 관리과에서 사회생활의 첫발을 내디딜 땐 천하 를 얻은 듯했다. 나는 고등학교 때부터 펜글씨를 잘 썼고, 입사 시험 때 부 여된 주제도 펜글씨로 풀어내 나름 인정을 받았다. 당시에는 모든 업무가 아날로그 방식으로 처리되었다. 날렵한 펜글씨는 금세 윗사람 눈에 띄었 고, 상부에 올리는 보고자료 작성은 온전히 내 몫이었다. 손가락이 부르 트고 손목이 저릴 때도 있었지만 마다하지 않고 성실히 책무를 다했다.

성장통(成長痛)은 성장과 통증의 합성어로, 성장을 위한 통증을 이른 다. 누구는 성장통에서 성(成)은 외면하고 통(痛)만 꺼내 고통을 호소한 다. '탓'과 '덕'의 거리는 아주 멀다. 덕이라는 사람은 고통을 성장으로 바꾸지만 탓이라는 자는 아프다며 성장을 팽개친다. 나는 손가락에 물집이 생기고 손목이 아픈 통(痛) 덕에 많이 배우고 성장했다.

경영관리부서는 숨 돌릴 틈 없이 바쁘지만 회사 상황이나 주요 이슈를 쉽게 알 수 있어 경영 안목을 넓히는 데는 안성맞춤이다. 삼성에서 37년 간 근무하면서 삼성그룹 사장단의 요직을 맡은 제일모직 출신 상사 분들로부터 더 없이 귀한 멘토링을 받았다. 그건 행운이자 선물이었고, 후에 세상을 걸어가는 든든하고 단단한 디딤돌이 되었다. 돌이켜볼수록 참 감사한 분들이다.

입사 후 4년이 지난 1978년 3월부터 1년 2개월간 방위로 군복무를 했다. 수색에 있는 60훈련단 정보처에 배속되어 매일 출퇴근을 했는데, 회사와는 다르면서도 같았다. 세상은 다층적이고 다면적이다. 수많은 부분이 모여 세상이라는 합집합을 이룬다. 부분은 전체의 일부면서 따로다. '결국 사람 사는 세상'이라고 하지만 사람마다 세상은 다 다르다. 군은 각자의 색깔은 저마다 다르지만 '하나'라는 연대의식은 더 없이 강한 조직이다. 그 안에서 14개월 동안 인내를 배우고, 위계질서를 익히고, 사기의 힘을 느꼈다. 각자로서는 약한 손가락 다섯이 뭉쳐 하나의 단단한 주먹이 되는 이치를 깨우쳤다. 시너지와 긍정의 힘이 얼마나 대단한지도 몸으로 터득했다.

1979년 5월, 방위 근무를 마치고 제일모직 경리과로 원복했다. 얼마 뒤 삼성그룹의 핵심 전략 참모 기능을 수행하는 삼성그룹 비서실 인사팀으로 파견되었다. 고(故) 이병철 삼성 회장의 3대 경영 철학인 '사업보국, 합리 추구, 인재 제일'의 한 축을 담당하는 인사관리 업무를 수행하면서

'경영은 결국 사람'이라는 원리를 뼈저리게 체험했다.

경영을 네 글자로 바꾸면 '적재적소'이다. 인재를 골라 그 재능에 합당한 자리를 주는 것, 그게 경영의 시작이자 끝이다. 군주의 최고 덕목은 신하를 보는 눈이라고 했다. 경영인의 최고 덕목 또한 인재를 보는 눈이다. 국가든 기업이든 가정이든 다스리는 이치는 같다.

비서실 인사팀에 근무하던 1982년 3월, 나는 미래를 위해 새로운 용기를 냈다. 게을러지려는 마음을 다잡고 한국방송통신대학교 경영학과에 지원한 것이다. 고등학교 시절에 장학금을 받은 자칭 모범생이니, 성적이 기준인 신입생 채용은 무난히 통과했다. 가난으로 대학 진학을 포기하고 상고를 졸업했지만, 배움의 꿈을 접은 적은 단 한 번도 없었다. 합격통지서를 받고 주경야독하기로 독하게 마음먹었다. 당시 한국방송통신대는 교수의 통신 강의를 듣거나 카세트테이프 강의를 독학한 뒤 연 2회 방학 기간에 출석시험을 치르면 되었기 때문에 시간상 큰 부담이 없을 것이라고 생각했다.

하지만 그건 계산 착오였다. 회사 업무는 쉴 틈 없이 쏟아졌고, 기진맥진한 몸으로 통신 강의를 듣는 일은 여간 고역이 아니었다. 설상가상으로 1983년 8월에 삼성그룹 인사팀 근무를 마치고 삼성물산 경리과로 전배되었는데 일이 곱절로 늘었다. 평일 잔업과 주말 근무는 일상이 되었다. 1987년 4월에는 일본 오사카 지사 관리 담당 주재원으로 발령을 받았다. 생소한 일들이 눈덩이처럼 쌓이고 낯선 곳에 온 가족도 살펴야 하니 학업을 지속할 처지가 못 되었다. 공자는 "배우고 익히면 그 또한 기쁘지 아니한가."라고 했지만 상황이 너무 삭막하니 배움도 그다지 기쁘지 않았다.

오사카 근무를 마치고 삼성물산 본사 해외관리팀으로 귀임한 건 1992년 말이다. 서둘러 한국방송통신대에 확인해보니 경영학과 제적 상태였다. 학교 측에 학업 중단의 불가피한 사유를 설명했더니 다른 학과로 입학의 길이 있다고 알려 주었고, 이듬해 무역학과로 편입하였다. 그렇게 다시 주경야독에 시동을 걸었다. 회사 시절은 곡절이 너무 많다. 무역학과 3학년 때인 1995년 2월 삼성물산 도쿄지사로 주재원 근무 발령을 받았고, 주재 기간 중 2년간의 학업을 마쳐야만 하는 숙명을 떠안았다. 이제는 반드시 학교를 졸업하자! 독을 품고 도쿄행 비행기에 올랐다.

도쿄지사에서 관리부장 주재원으로 근무하는 5년도 결코 평탄한 세월이 아니었다. 하기야 평탄한 세월만 건너온 삶이 얼마나 되겠는가. 일본 국세청 세무조사, 삼성그룹 비서실 감사팀 감사 수감, 일본 삼성 통합 프로젝트 등 상투적인 말로 눈코 뜰 새 없이 바빴다. 그래도 나와의 약속 하나는 지켰다. 2000년 2월, 한국방송통신대 경영학과에 입학한 지 18년 만에 무역학과로 졸업한 것이다. 무엇보다 마음으로 응원해준 아내에게 감사하다.

난 잽싸게 뛰는 토끼는 아니다. 하지만 거북이처럼 느릿느릿 걸어서라도 스스로 약속한 테이프를 끊은 자신이 자랑스러웠다. 입학할 때 부모님과 장인, 장모님이 넘치게 격려해 주셨는데 지금은 하늘나라에서 거북이의 등을 어루만지며 크게 기뻐하시지 않을까 싶다.

나는 야구를 좋아한다. 고등학생 때 교내 야구팀이 있어서 학창 시절 동대문 운동장에 자주 응원하러 갔다. 당시 라디오나 TV 중계 스포츠 해설에서 흔히 들었던 말이 생생하다.

"끝날 때까지는 끝난 게 아니다(It ain't over till it's over)."

미국 메이저리그 역사상 가장 위대한 포수이자 뉴욕 양키즈구단 감독이었던 요기 베라가 남긴 명언이다. 인생은 야구 게임과 닮았다. 9회 말이 끝날 때까지는 누구도 승부를 모른다. 9회 말 마지막 타자가 홈런 한방으로 승부를 뒤집은 경기는 셀 수조차 없이 무수하다. 9회 말에도 승부를 짓지 못하고 연장전을 치르는 경기는 또 얼마나 많은가. 행운은 준비가 기회를 만나는 것이라고 했다.

준비는 자격을 갖추는 일이다. 세상에 성공을 바라는 사람은 많지만 성공의 문을 여는 사람은 드물다. 서점에는 자기계발서가 즐비하다. 귀에 익은 '다 아는 이야기'들이다. 차이는 글로만 읽느냐, 발로 실천하느냐다. 준비된 자는 쉽게 경기를 내주지 않는다. 설령 중간에 점수가 밀려도 악착같이 따라붙어 판세를 뒤집는다.

울퉁불퉁한 게 세상길이다. 돌부리에 걸려 넘어지고 주저앉는 게 인생길이다. 열 번 넘어져도 다시 일어서면 진 게 아니다. 완패자는 한 번 넘어져 평생을 길에 주저앉아 있는 자다.

'된다고 생각하면 다 된다'고 믿는 것은 지나친 낙관이다. 하지만 안 된다고 말하면서 되기를 믿는 것은 허망한 요행이다. 가능과 불가능 사이에는 마음이 있다. 준비하고 믿음을 붙들고 있으면 아직 끝난 게 아니다. 나는 마음이 꺾이려 할 때마다 영국 총리 윈스턴 처칠의 말을 가슴에 새긴다.

"절대로, 절대로, 절대로 포기하지 마라!(Never, Never, Never Give up!)"

가방 속 숨겨진 비밀

2014년 3월, 봄의 향기가 아지랑이를 타고 올라오는 날이었다. 삼성
물산에서 함께 근무했던 직장 후배인 석진보 경영지도사가 신사동 사무
실로 나를 찾아왔다. 오랜만이라 반갑게 이런저런 이야기를 나누던 중 후
배가 한 가지 제안을 했다.

"형님! 경영지도사 한번 해 보시지요. 국가 자격증을 따면 중소기업 컨
설팅을 하고 사회에 경험도 나누어 줄 수도 있으니 형님한테 잘 맞지 않
을까 싶네요."

후배 이야기를 들으니 갑자기 예전에 일본에서 삼성물산 주재원 생활
하던 시절 업무상 일본 종합상사맨들과 교류했을 때의 모습들이 주마등
처럼 스쳐갔다.

도쿄 주재원 근무 시절, 일본 종합상사인 스미토모상사는 늘 벤치마킹
대상이었다. 나는 스미토모상사 스기하라 부장과 자주 만났는데, 한 번은

그가 항상 갖고 다니던 명함집에서 작은 카드를 꺼내 보여주었다. 그것은 'Sumitomo's 7 Value(스미토모의 경영 철학)'였다. 그는 평소에도 수시로 카드를 꺼내 보면서 회사의 경영방침을 재차 숙지한다고 했다. 순간 일류 회사에는 일류 직원이 있구나 하는 생각이 들었다.

일본 3대 재벌 중 하나인 스미토모그룹의 역사는 17세기 스미토모 마사토모(1585~1652년)가 쓰기 시작했다. 그는 원래 사무라이 집안에서 태어나 열반종 승려가 되었는데, 이후 승려를 그만두고 교토 절에 가게를 열어 책과 약재, 구리 등을 팔아서 큰돈을 벌었다.

스미토모는 후세를 위해 상인이 사업을 하면서 지켜야 할 도리와 몸가짐을 일러주는 'Monjuin Shiigaki(文殊院旨意書: 시조의 가르침)'라는 제목의 글을 남겼는데, 이는 오늘날까지 스미토모그룹의 경영철학으로 계승되고 있다. '시조의 가르침'은 범사에 감사하고 마음으로 힘쓰라고 강조한다. 또 신용을 중시하고 손쉬운 이익은 추구하지 말라 한다. 인격의 연마, 성실성, 신중함, 건전한 경영이 가르침의 골자다.

스미토모그룹에서 상사 부문을 발족시킨 건 1919년이다. 상사 부문 초대 사장직을 맡은 동경제국대학 법학부 출신 도지 슌야(田路舜哉)가 영업 경험이 전무한 직원들에게 강조한 취임 일성은 오늘날에도 울림이 크다.

"열심히 하는 초보가 (나태한) 전문가보다 낫다(熱心な素人は玄人に優る)."

세상에 '열심'이라는 무기보다 더 강력한 것은 없다. 사장의 뜻을 새긴 종업원들은 열정적으로 일했고 성장의 기반은 하루하루 단단해졌다. 스미토모상사는 미국 잡지 《포춘(Fortune)》이 매년 선정해 발표하는 세계

500대 기업 목록에 27년간 연속해서 오를 정도로 글로벌 기업으로 성장했다.

스미토모상사의 기업 사명은 '건전한 사업 활동을 통한 풍요로움과 꿈의 실현'이고, 경영 자세는 '인간존중을 기본으로 한 신용 중시와 명확함 지향'이다. 'Sumitomo's 7 Value'는 이를 구현하기 위한 구체적 지침으로 ① 스미토모의 사업 정신 및 경영 이념에 따른 성실한 행동 ② 법과 규칙의 준수와 윤리 유지 ③ 투명성 중시와 적극적 공개 정보 ④ 지구 환경 보전 ⑤ 사회 공헌 ⑥ 원활한 커뮤니케이션을 통한 팀워크 강화 ⑦ 명확한 목표 설정과 구체적 실행으로 요약된다.

직장인의 숙명인 퇴직을 스기하라 부장도 비켜가지 못했다. 정년퇴직한 스기하라를 만나 이런저런 이야기를 나누다가 그의 옆에 있는 커다란 가방에 호기심이 꽂혔다. 호기심은 또 다른 호기심을 자극하는 법. 나는 슬쩍 가방 안에 무엇이 들어있는지 물었다. 그는 빙그레 웃으며 가방 속에 있는 것을 하나씩 꺼내 보였다. 노트북, 노트, 전화기, 볼펜, 전화번호 수첩이 나왔다. 스기하라가 꺼낸 물건들을 보여주며 자신의 인생 2막 이야기를 들려줬다.

"저는 퇴직 후 중소기업 경영진단사 자격증을 취득해서 스미토모상사의 경험과 인맥을 활용해 중소기업 경영 컨설팅을 하고 있습니다. 돈도 돈이지만 인생 제2막의 맛이 꽤 달콤합니다." 일본종합상사맨으로 오랜 기간 잔뼈가 굵은 스기하라 부장의 이야기는 나에게 잔잔한 울림을 주었다.

미국 속담에 "지나친 호기심은 고양이를 죽인다"고 했지만 이번 호기심은 고양이를 살렸다. 나에게 종합상사맨의 인생 2모작이 멋지게 다가왔고, 그를 벤치마킹해 언젠가는 나도 누군가에게 도움을 주는 제2의 인생을 살아야겠다고 생각했다.

후배와 헤어진 후에도 스기하라 부장과의 추억은 계속 따라다녔다. 나는 당시 중견그룹 상근 감사로 있으면서 내부 경영감사 업무를 맡고 있었다. 내부 감사 업무는 기업 경영 진단, 경영 컨설팅의 영역이다. 경영지도사에 도전해 자신의 역량도 키우고 사회에 봉사까지 한다면 일석이조 아닌가. 꿈은 생각으로 심는다. 내면에 숨어있는 호기심을 자극했다. 갑자기 30여 년간 삼성그룹에서 배운 실전 경험을 활용하고 특유의 열정과 사명감으로 중소기업을 실질적으로 도와줄 수 있겠다는 생각이 들었다. 인생 2막의 경영지도사 꿈은 그렇게 피어났다. 당시 내 나이는 50대 중반을 넘어섰다.

흔히 '나이는 숫자에 불과하다'고 하지만 실은 나이가 많은 것을 말해준다. 얼굴에 주름이 늘면 생각에도 주름이 생긴다. '할 수 있다'보다는 '할 수 있을까?'라는 의문이 생긴다. 나이를 극복하는 특효약은 호기심과 열정이 응원해주는 자신감이다. 자신감으로 얼굴 주름은 펴지 못해도 생각의 주름은 다림질하듯 펼 수 있다. 나는 긍정의 주문을 외우며 새로운 도전의 길을 택했고, 재수 끝에 2015년 10월 7일 경영지도사 합격증을 손에 쥐었다.

지금도 석진보 후배에게 감사하다. 그는 작은 꿈의 씨앗을 건네주었다. 스기하라 부장의 가방에도 고마운 마음을 갖고 있다. 그의 가방 속에 숨겨진 5가지 비밀 속에 삶의 지혜가 담겨 있다. 철학자 니체는 "진실은 하나같이 둥글다. 시계가 둥근 것은 끝과 처음이 맞물려 있기 때문이다."
라고 했다. 세상에 없는 세 가지는 정답, 비밀, 공짜라는 말이 있다. 인생
에도 정답은 없다. 인생 2막에 대한 정답 또한 없다. 하지만 분명한 건 인
간이 도전을 멈추면 육체와 영혼에 주름이 급속히 늘어난다는 사실이다.

아름다운 건 장미꽃만이 아니다. 새로운 길을 택하고 당당히 그 길을
걸어가는 인간의 발길 또한 못지않게 아름답다. 당신의 인생 2모작도 빛
나고 푸르게 피어나기를 소망한다.

청춘에게 보내는 박수

문자는 가끔 비둘기처럼 기쁜 소식을 물고 온다. 2022년 9월 어느 날의 문자가 그랬다. 한신대학교를 졸업한 박상현 학생이 졸업 4개월 만에 취업했다는 소식을 문자로 보내온 것이다. "교수님, 저 도원 회계법인에 정규직으로 채용되었습니다. 감사합니다."

문자를 읽는 순간 가슴이 찡하고 되레 고맙다는 생각이 들었다. 이 학생은 한신대가 운영 중인 '국민취업제도 일 경험 프로그램'에 참가해 3개월간의 실습을 마치고 중견 회계법인에 당당하게 취업한 것이다. 제자의 취업 소식은 최고의 선물이다.

국민취업제도는 취업을 원하는 국민에게 취업 지원 서비스와 생계 지원을 함께 제공하는 '한국형 실업 부조' 제도이며, 일 경험 프로그램은 국민취업지원제 참여자의 직장 적응 능력과 직무 향상을 지원해 취업 가능성을 높이는 고용노동부 프로그램이다. 나는 산학협력 교수로서 학교의 좋은 일자리 프로그램과 연계해 우수한 학생을 선발하고 이들을 기업과 매칭하는 역할을 했다. 이력서와 자기소개서 작성, 면접 요령 등을 코칭하는 것도 나의 몫이었다. 학생들이 사회로 나가는 데 디딤돌을 놓아준다는 뿌듯한 사명감도 있지만 취업 실패로 좌절하는 모습을 볼 때는 마음이 아프기도 했다.

'세상은 언제나 취업난'이라는 웃픈 얘기도 있지만 요즈음 대학생의 취업난을 보노라면 마음 한구석이 시리고 아프다. 그들이 꿈을 설계하고 실현해 나가는 데 어떤 도움을 줄 수 있을까. 어떤 실사구시 교육으로 청춘들의 경쟁력을 높여 줄 수 있을까. 기업이 필요로 하는 인성과 직무 능력 그리고 도전정신과 창의력은 또 어떻게 함양시킬까. 기업과 학생 간 가교역은 어떻게 해야 더 충실해질까. 이런 생각을 하면 한밤중에도 고민이 깊어진다.

식물은 싹이 트고 잎과 줄기가 자라 꽃을 피우고 열매를 맺는다. 이러한 성장 과정에서 햇빛, 수분, 온도, 공기, 영양물질은 필수 요소다. 어느하나가 부족하거나 과해도 식물의 성장 사이클은 일그러지고 망가진다. 인간은 태어나서 유아, 소년, 중고등학교, 대학교 학창 시절을 거쳐 사회에 첫발을 내디딘다. 고교나 대학 졸업 후 사회 진출은 삶의 커다란 분기점이다. 그건 자기 삶의 출발점이자 더 큰 꿈을 위한 디딤돌이기도 하다. 우리 속담에 '시작이 반'이라는 말이 있고, 아리스토텔레스는 "좋은 시작은 일의 절반(Well begun is half done)"이라고 했다. 첫 단추를 잘 끼워야 옷을 제대로 입는다.

식물의 성장에 햇빛과 공기 등이 필요하듯 사람의 사회 진출에도 영향을 주는 것들이 많다. 2018년 대한상공회의소는 국내 매출액 상위 100대 기업의 인재상을 분석하면서 다섯 가지 덕목으로 소통·협력, 전문성, 인성(원칙·신뢰), 도전정신, 주인의식을 꼽았다. 자질을 갖춘다는 것은 필요한 덕목을 안으로 채운다는 뜻이다. 안이 빈 사람은 흔히 밖을 탓한다. 네 탓이라 하고, 네 잘못이라 한다. 내 생각에 특히 강조되는 부분은 '인성'이다. 기업체 최고경영자(CEO)나 인사 책임자들에게서 자주 듣는 말은 "인성이 좋은 우수한 학생을 보내 달라."는 것이다. 좋은 능력과 좋은 인성의 만남은 금상첨화의 조합이다.

예전에 근무했던 아이마켓코리아의 정보전략팀에 한신대 정보통신학과를 졸업한 박수민 학생이 2년 전 취업을 했다. 일은 잘하는지 궁금해서 조영욱 팀장에게 안부 겸 전화를 걸었더니 칭찬 일색이다.

"박수민 프로는 일도 잘하지만 배우려는 자세와 인성이 매우 좋습니다. 집중력도 대단해 일을 맡기면 눈에 불을 켤 정도입니다. 마켓플레이스 기획과 PI(Process Innovation) 업무를 담당하고 있는데 사내 평판이 아주 좋습니다. 인재를 보내 주셔서 감사합니다."

'그럼 그렇지. 누가 키웠는데…' 속으로 우쭐했지만 생색은 안으로 삼켰다. 박 프로는 3년 전에 한신대 '경기도 대학생 취업 브리지' 프로그램에서 4개월간 현장실습을 하고 1년간 계약직으로 근무한 뒤, 모집 절차에 따라 정규직이 되었다. 인성과 근무 자세가 좋아 회사로부터 높은 평가를 받고 있다니, 내가 칭찬을 받는 듯해서 마음이 뿌듯했다.

중소벤처기업부에서 시행하는 '중소기업 R&D(연구·개발) 산업 인턴' 지원 사업이라는 것이 있다. 한신대에서는 2021년에 28명이 현장실습 과정을 수료했는데 학생과 기업의 만족도가 90%였다. 이 프로그램에 참가한 소프트웨어융합학부 안중은 학생은 정보통신기업인 넷케이티아이에 정규사원으로 채용되었다. 그는 "학창 시절 백 엔드 IT 개발자라는 것이 어렵고 멀게만 느껴졌는데 열정적인 멘토님 밑에서 현장실습을 하면서 실력이 눈에 띄게 늘었다."고 했다.

교학상장(教學相長)이라는 말이 있다. 가르치고 배우면서 서로 성장한다는 뜻이다. 나도 학생들을 가르치면서 참 많이 배웠다. 그러다 보니 제자들의 일이 내 일인 듯 기쁘고, 때로는 가슴 아프다.

몸담고 있는 한신대에서는 진로 및 취업지원, 현장실습, IPP형 일학습 병행, R&D 산업 인턴 등 산학 활동을 활발히 추진하고 있다. 요즘에는 일자리 창출이 단연 화두다. 실사구시적 교육을 통해서 기업에서 원하는 인재상에 맞는 인재를 얼마나 잘 육성하는가가 중요하다. 어느 기업체 임원과의 인터뷰가 귓가에 생생하다. "훌륭한 사람을 뽑는 것이 아니라 우리 기업에 맞고 그 직무에 적합한 사람을 뽑고 싶다."

국회에서 열린 'K-반도체 대전환 방향 설정과 미래전략' 세미나에 참석한 적이 있다. 인공지능(AI), 사물인터넷(IoT), 빅데이터, 자율주행 자동차, 로봇 등 미래 산업의 핵심인 반도체 장기 전략과 비전을 듣는 자리였다. 나는 주제인 반도체에 '인재'라는 두 글자가 겹쳐왔다. 반도체는 4차 산업의 골격이다. 골격이 허약하면 만사가 사상누각이다. 인재는 세상의 골격이다. 인재가 부족하면 산업이든 정치든, 그 토대가 흔들린다.

삼성그룹 고(故) 이병철 회장은 평소 인재육성을 주창했다. "1년의 계는 곡물을 심는 데 있고, 10년의 계는 나무를 심는 데 있으며, 100년의 계는 사람을 심는 데 있다."는 말은 이 회장의 인재경영 철학을 고스란히 반영한다. 현재 삼성전자의 경영 철학도 '인재와 기술'로 집약될 수 있을 것이다. 인재는 기술을 진화시키고, 기술은 세상을 진화시키며, 마음은 세상을 따뜻하게 한다. 그러니 결국 경영은 사람이 전부다. 반도체가 '산업의 쌀'이라면 인재는 '세상의 쌀'이다. 그리 보면 '세상의 쌀'을 키우는 책무가 막중하다.

세상은 인문과 기술, 두 바퀴로 굴러간다. 기술은 세상을 편리하게 하고, 인문은 세상을 풍성하게 한다. 스티브 잡스는 "애플은 인문과 기술의 교점에 있다."라고 했다. 애플이 왜 세계적 기업인지를 단적으로 보여주는 말이다. 기술은 방법을 묻고, 인문은 근본을 묻는다. 이 둘이 짝을 잘 이뤄야 세상이 비틀대지 않고 굴러간다.

이제는 평생학습의 시대이다. IT가 발달하면서 세상은 좀 과장된 말로 빛의 속도로 변한다. 학교에서 배운 것만으로 세상을 살아가는 일이 갈수록 버거워진다. 실사구시(實事求是)적 기술과 인문적 통찰이 있어야 세상의 속도를 따라간다. IT 시대의 산학협력은 맞춤형 인재를 양성하는 새로운 플랫폼이 되고 있다. 나는 엉거주춤 산학(産學)에 양다리를 걸치고 있다. 이왕 걸쳤으니 다리 힘을 더 키워야겠다.

세상으로 나아가는 청춘에게 박수를 보내면서.

메모는 운명도 바꾼다

2022년 9월 초부터 블로그에 글을 쓰기 시작했다. 초등학교 5학년 때 '우리 집은 판잣집'이라는 동시를 《소년조선일보》에 응모해 입선했지만 그 뒤 글다운 글을 쓰지 못했다. 그러다 블로그를 시작할 즈음에 제2회 정인승 선생 정신선양 전국 글짓기 대회에서 '한글 속에 숨어 있는 긍정의 힘 다섯 가지'로 금상을 받으면서 내면에 숨어 있는 글짓기의 끼가 꿈틀대기 시작했다.

글쓰기의 즐거움으로 시작은 했지만, 한편으로는 번민도 많아 중도에 포기할까도 생각했다. 글쓰기에 대한 소양이 부족하고 다독(多讀)하지 않아 지혜의 샘이 말라 있음을 잘 알기 때문이다. 그나마 40여 년간 주경야독과 사회생활, 대학 교수 생활을 하면서 접한 다양한 경험, 오래 보관해 온 많은 메모 수첩, 살면서 맺은 소중한 인연들이 글감이 될 거라고 자신을 다독였다. 쇼펜하우어는 '위대한 작가는 자신의 문체가 있는 작가'

라고 했지만 메모들이 나만의 문체가 될 수도 있겠다고 스스로를 위로했다. 그렇게 다시 글과 가까워졌다.

명문이 아니면 어떤가. 살아온 이야기를 공동체와 나누고 공감을 넓히면 그걸로 충분하지 않은가. 부족한 것은 써가며 채우자. 그렇게 생각하니까 마음이 조금은 가벼워졌다. 글을 쓰다 보면 마음이 늘 출렁인다. 글이 좋다는 말에 마음이 하늘을 날고, 불편한 말 한마디에 마음이 지옥을 헤맨다. 글에 내공이 부족한 탓이다. 글 몇 자 쓸 때마다 인문학적 소양의 부족함도 느낀다.

그래도 글이 좋다. 글은 나에게 자존이자 도전이다. 또한 바르게 걷도록 인도하는 스승이다. 글과 내가 표리부동하지 않으려고 조심하며 세상을 걸으니 말이다. 생각이 시들지 않고 여전히 생생함을 보여주는 빛나는 도구 역시 글이다. 다산 정약용 선생이 18년 유배지에서 500권 가까운 책을 어떻게 쓸 수 있었는지 궁금했는데, 다산 자신이 그 답을 일러줬다.

"서투른 메모가 완벽한 기억보다 낫다."

현대판으로 문구를 조금 바꿨지만 뜻은 같다. 달리 말하면 '메모가 절반의 책'이란 의미다. 내 마음에 깊이 박힌 이 말을 실천하려고 애쓴다. 벌써 3년 전 일이다. 책장에는 먼지를 뒤집어쓴 노트 세 권이 나를 빼꼼히 바라보고 있었다. 호스피스 활동 등 교회 일에 열심인 아내가 불쑥 말을 건넸다.

"점점 나이가 들어가는데 이제는 영혼을 돌봐야 하지 않겠어?"

"응…?"

뜬금없는 아내의 말을 듣고 얼떨결에 모기소리로 끝을 올려 답했다.

아내는 다음날 교회에서 노트 세 권을 사와 건네주면서 "약속했으니 성경을 필사해 보세요."라고 했다. 하지만 바쁘다는 핑계로 차일피일 먼지만 쌓아두다가 대학을 퇴임한 후에서야 빈 노트를 채우기 시작했다. 아내와의 약속 절반, 인문학적 소양의 갈급함 절반이었다. 메모의 약효는 생각보다 좋았고 예상보다 빨리 나타났다.

성경은 믿음서이자 글쓰기의 교본이다. 성경을 읽고 필사하면서 왜 시대의 작가들이 작가를 꿈꾸는 이들에게 성경을 읽으라고 권하는지 그제야 깨달았다. 인생 100세 시대다. 나는 길어진 인생의 뒤쪽을 글로 조금씩 채우려 한다. 최고의 성공 습관은 독서와 메모다. 운명은 정해진 길로만 가지만 책과 메모는 운명의 길을 바꾸는 두 핸들이다. 스티븐 코비 『성공하는 사람들의 7가지 습관』의 두 번째 습관 중에 '비전과 가치관을 담은 사명 선언서' 작성이 있다. 사명 선언서는 자기 삶의 방향을 그리는 인생의 메모다.

호모 스크립투스(Homo Scriptus). 메모하고 기록하는 인간이 인류의 주종이 된 시대다. 기록은 본능이다. 원시 시대에는 동굴 벽화가 기록이었고, 디지털 시대에는 스마트폰이 기록과 저장의 핵심 도구다. SNS도 셀카도 모두 기록이다. IT 시대에 기록의 도구는 주변에 즐비하다. 절반의 책들이 근처에 널려 있는 셈이다. 메모와 기록은 글쓰기의 시작이자 끝이다. 글뿐만 아니라 삶을 바꾸는 세상 최강의 도구다.

일본이 선진국으로 자리매김한 요인 중 하나는 기록 정신이다. 지나간 것, 낡은 것을 버리지 않고 미래를 위한 디딤돌로 활용하려는 정신이 일본 선진 문화의 한 축을 이루고 있다. 기록은 데이터이고, 역사는 기록에 의해 재해석된다. 일본 주부들은 90% 이상이 가계부를 적는데 한국 가정에서 가계부를 쓰는 주부는 30%도 안 된다고 한다. 나는 결코 일본 예찬론자가 아니다. 다만 닮아서 좋은 건 닮자는 뜻이다.

일본에서 10여 년간 주재원 생활을 하면서 몸에 밴 습관이 하나 있다. 바로 메모다. 나는 항상 수첩을 가지고 다니면서 메모를 했다. 그동안 여러 번 이사를 했지만 메모 수첩만큼은 버리지 않고 소중히 간직했다. 그 메모들이 부족한 글쓰기에 천군만마 힘이 되었다. 메모는 내 삶의 흔적들이다. 스토리텔링이자 작은 역사다. 메모의 퍼즐을 맞추면 삶이 영화 필름처럼 돌아간다. 10년 전쯤 삼성 인사팀 OB 모임에 참석한 적이 있다. 저녁 모임을 마친 후 커피숍에서 상사였던 사장님이 불쑥 물었다.

"유 상무, 하버드대 도서관에 무엇이 걸려 있는지 알아?"

답은 못하고 삶의 지혜가 될 거라는 생각에 서둘러 메모지를 꺼냈다. 당시에 쓴 메모를 수첩에 넣고 틈날 때마다 꺼내 보며 대학교 강의나 멘토링에 요긴하게 써먹고 있다.

"행복은 성적순이 아니지만, 성공은 성적순이다. 오늘 걷지 않으면 내일은 뛰어야 한다. 오늘 흘린 침이 내일에는 피눈물이 된다. 죽어라고 열심히 공부(일)해도 절대 죽지 않는다. 잠을 자면 꿈을 꾸지만, 공부(일)하면 꿈을 이룬다."

아직도 가슴 속에 살아서 꿈틀대는 문구들이다.

한국 주재 일본 기업인들은 통상 근무를 마치고 본국으로 돌아가면서 그동안 보고 듣고 느낀 것들을 담은 책을 출간한다. 일본인 특유의 메모와 기록 정신이 몸에 배어 있음을 보여주는 대목이다. 내가 아이마켓코리아에서 영업담당 상무로 근무했을 당시 거래처였던 부산 소재 일본 기업 YK Steel의 일본인 부사장인 오오미치 히데타카로부터 책 한 권을 선물 받았다. 『한국을 사랑하게 된 일본인』이란 책으로, 한국에 머문 동안의 경험이나 느낌을 기록한 글이었는데 내용이 참 따뜻했다. 마치 한국인처럼 자연스럽게 박자에 맞춰 춤을 추는 일본인 자신을 발견했다는 서문에서는 가슴이 뭉클했다. 그는 한국을 떠나면서 많은 메모를 데리고 갔을 것이다. 그 메모들이 싹을 틔우고 꽃을 피워 멋진 책이 탄생한 것일 테다.

프랑스 철학자이자 사상가인 파스칼은 『팡세』에서 "인간은 생각하는 갈대"라고 했다. 흔들리면서도 생각으로 다시 중심을 잡는 게 인간이다. 인간이 인간다우려면 늘 깨어있어야 한다. 칸트는 "경험 없는 사유는 공허하고 개념 없는 직관은 맹목적"이라고 했다. 내 경험, 내 생각으로 살지 않으면 평생을 남으로 산다. 메모(기록)는 흔적이자 생각이다. 시가 되고, 책이 되고, 인생도 되는 영근 씨앗이다.

추사 김정희는 "가슴속에 만 권의 책이 들어있어야 그것이 흘러넘쳐 그림과 글씨가 된다."고 했다. 메모는 절반의 책이라 했으니 메모 2만 개가 모이면 그것이 흘러넘쳐 글이 되고 그림이 되지 않겠나.

나비의 날갯짓이 지구 반대편에 태풍을 불러온다고 했다. '메모의 날갯짓'도 수 권의 책, 새로운 삶을 몰고 올지 모른다. 나도 메모의 날개를 더 활짝 펴야겠다. 메모가 한 인생의 운명도 바꾼다 했으니.

디지털 리터러시

요즈음 글쓰기가 열풍이다. 딱히 작가라는 타이틀이 없어도 자기 생각을 수필로 쓰고, 걸어온 인생을 담아 자서전을 쓴다. 작가가 뭐 대단한가. 글을 쓰면 누구나 작가다. 글쓰기 교육 과정을 운영하는 대학들도 빠르게 늘어나고 있다. 2002년 설립된 서울대학교 기초교육원은 단계별 글쓰기 교육의 목표를 설정하고 글쓰기의 윤리, 인문학 글쓰기, 사회과학 글쓰기, 과학기술 등 다양한 분야의 글쓰기를 체계적으로 가르치고 있다. 컬럼비아대학에서는 모든 학과에서 글쓰기가 1년간 필수 과목으로 지정되어 있다고 한다.

삶은 글쓰기다. 어려서부터 읽고 쓰기를 배운다. 대학생은 부여된 과제물을 대부분 글로 써서 작성해야 하고 졸업 시에도 글로 작성한 논문이 통과되어야 사각모를 쓰는 일이 가능하다. 졸업 후에는 또 어떤가. 취업문을 열려면 이력서나 자기소개서를 써야 하고 문이 열린 뒤에도 기획서,

각종 보고서, 제안서, 대책서, 품의서, 회의록, 카피라이팅 등 비즈니스와 관련된 글이나 문서들을 작성해야 한다. 카카오스토리, 블로그, 인스타그램 등 SNS는 누구나 글을 쓰고 남의 글을 읽는 소통의 광장이다.

제4차 산업혁명이라는 수식어가 곳곳에 따라다니는 IT 시대다. 단순한 글쓰기를 넘어 디지털 문해력(Digital Literacy)을 높여야 하는 시대가 된 것이다. 코딩계의 아버지라 불리는 세계적 석학 브라이언 커니핸 프린스턴대 교수는 IT 시대 경쟁력의 핵심으로 '디지털 리터러시'를 꼽았다. 디지털 리터러시는 디지털 플랫폼의 다양한 미디어를 접하면서 원하는 정보를 찾고 이를 조합하는 능력을 뜻한다. 프로그램 언어인 코딩을 능숙히 다루지 못하더라도 IT 기기를 활용해 다양한 정보를 활용하고 생활의 편리성을 높인다면 디지털 리터러시가 높다 할 것이다.

디지털 문해력이 아닌 문해력 자체가 낮다는 점도 문제다. 종교 개혁 이후에 문해력은 '자신의 모국어를 읽고 쓸 수 있는 능력을 가진 사람'으로 정의되었다. 경제협력개발기구(OECD)가 2021년 발표한 국제학업성취도평가(PISA)에 따르면 우리나라 만 15세 학생의 문해력은 회원국 중 최하위 수준이다. 경제 강대국이 문해력 약소국이라는 사실이 아이러니하다. OECD의 평가가 왜곡되지는 않았을 듯싶다. 내가 대학에서 대학생들의 과제물을 읽어 보고 자기소개서 첨삭 지도를 많이 했었는데 제대로 자기 생각을 표현하는 학생들이 의외로 적었다. 읽기, 쓰기, 이해하기는 한 범주이니 제대로 쓰지 못한다는 것은 무엇을 읽고 제대로 이해하지 못한다는 것을 의미한다.

코로나19 팬데믹을 겪으면서 일상이 오프라인에서 온라인으로 바뀌었다. 학교 교육, 직장 근무, 구매, 행정업무, 행사 모임, 취미 활동 등 많은 분야에서 비대면이 일상화된 것이다. 이제 온라인은 삶의 뉴노멀이 되었다. 대학생들도 온라인 수업에 더 익숙하다. 코로나가 물러가고 일상을 회복하면 온라인과 오프라인의 균형 조절이 다소 있겠지만 온라인이라는 도도한 흐름은 누구도 막지 못할 것이다.

2004년부터 싸이월드의 미니홈피와 네이버 블로그가 유행했으니 SNS의 역사는 불과 20년쯤이다. 지금은 유투브를 필두로 한 1인 미디어 시대다. 홈피나 블로그 서비스 등을 이용해 자신만의 공간을 만들어 서로 공유하며 공감을 이끌어내는 글쓰기가 일상화되었다. 인간은 자신의 삶과 생각을 표현하지 않고는 살아갈 수 없는 존재이다. 고대 그리스 철학자 아리스토텔레스는 인간을 '사회적 동물(Social Animal)'이라고 했는데, 새삼 가슴에 와닿는 말이다. 정신과 치료의 으뜸 원칙은 '먼저 듣고 나중에 진단하라'이다. 글도 이치가 같다. 먼저 글을 읽어봐야 그 사람의 마음을 공감한다.

나의 블로그 '긍정의 힘'은 글쓰기 연습장이다. 서울시 강남구 가족센터에서 실시한 '스마트폰 활용하기 기초 과정&심화 과정' 교육을 받으면서 블로그 글쓰기를 시작했다. 그동안 경험과 생각들을 기록으로 남기며 스스로를 성찰하고, 혹시라도 주변의 누군가에게 조약돌만 한 도움이 되었으면 하는 마음에서였다. 글을 쓰다 보면 지난 삶의 잔상(殘像)들이 수채화처럼 펼쳐지고, 때로는 '덩굴 속 숨겨진 꽃'을 발견한 듯해 행복감이 충만해진다. 인간은 먹고 생각하는 동물이다. 빵으로도 행복해지지만 사유로도 행복해지는 게 인간이다.

글을 쓸수록 허기를 느낀다. 여기저기서 부족함이 불쑥불쑥 고개를 내민다. 글쓰기의 고수 선배 두 분에게 글을 여쭈었다. 고수의 말씀으로 글을 다시 담금질하고 싶었다. 책 30여 권을 쓰신 선배님의 충고는 간결했다.

"글을 쓰려면 먼저 스스로의 깨달음이 있어야 하네. 생각이 없으면 글도 없네. 자기 생각에만 취하지 말고 독자가 그 글에 공감할지도 고민하게. 주제 선정도 중요하고 글이 그 주제로 잘 향하는지도 살펴야 하네. 설득하려 하지 말고 글 읽는 이들이 공감하도록 하게. 일상사의 나열은 주목도가 떨어지고 생명력도 약하네. 글의 행간에 자네 생각을 넣어야 하네. 메시지는 간결하고 신선해야 하고."

항상 촌철살인의 글을 올리시고 삼성 신경영 전도사 역할을 하신 직장 선배님의 충고 또한 간결했다.

"글은 짧을수록 좋아. 현대인은 성미가 급하거든. 한 문장도 가급적 짧게 쓰는 연습을 해봐. 글을 잘 쓰려면 많이 읽어야 해. 읽지 않고 쓰려는 건 사기지. 글의 시작과 끝이 중요하다는 것도 명심하고."

선배의 말을 들으니 어디선가 읽은 이야기가 떠올랐다.

어느 왕이 신하들에게 "어리석은 백성들을 가르칠 책을 만들어 보라."고 명했다. 여러 학자가 수년간 연구 끝에 10권의 책을 만들어 보고를 올렸다. 이를 본 왕은 "너무 두꺼우니 한 권으로 줄여보라."고 했다. 학자들이 한 권으로 줄이니 왕이 다시 "백성들이 글자를 모르니 단 한 줄로 줄여오라." 했고, 신하들은 결국 한 줄로 글을 올렸다.

'세상에 공짜는 없다.'

맞는 말이다. 세상에 공짜는 없다. 거저 얻은 것은 순식간에 달아난다.

나는 요즘 '디지털 리터러시'를 키우려고 노력한다. 꼰대라는 소리를 듣지 않고 글쓰기의 효율성을 높이려는 생각에서다. 나이도 많고, 아날로그 시대를 살았으니 디지털로 모드를 변환하는 게 쉽지 않다. 하지만 훈련은 낯섦을 익숙함으로 바꾼다. 만물은 쓰는 방향으로 진화한다. 아날로그만 고집하면 아날로그 두뇌가 회전하고, 디지털에 익숙하면 디지털 머리 회전속도가 빨라진다.

찰스 다윈의 진화론이나 라마르크의 용불용설(用不用說)을 관통하는 핵심어는 '적응'이다. 세상은 강한 자가 아니라 적응하는 자가 살아남는다. 공룡은 약해서가 아니라 부적응으로 세상에서 도태했다. 21세기 디지털 시대에는 디지털 마인드가 필요하다. 인간은 변화를 두려워한다. 전기도 자동차 비행기도 한때는 두려움의 대상이었다. 현재의 필수품도 한때는 인간이 극복해야 할 두려움이었다.

세상을 앞서가는 무기는 시대마다 다르다. 한때는 활을 잘 쏘는 자가 부족의 우두머리가 되었지만 21세기 IT 시대에는 디지털 마인드로 무장한 자가 장수가 된다. 나이라는 울타리에 나를 가두고 싶지 않다. 디지털 리터러시를 높여 젊은 층과 더 공감하고 글을 쓰는 효율적 도구로도 활용하고 싶다. 1년쯤 후에 키가 훌쩍 커진 나의 '디지털 리터러시'를 기대한다.

휠체어에서 피어난 희망

이름마다 사연이 있다. 어디 사람뿐이랴. 도시도 골목도 각자 나름의 이야기가 담겨 있다. 강서구 개화동은 서울 최서단에 있는 동네로 드넓은 논과 한적한 시골을 품고 있다. 경기도 김포시와 인천광역시 계양구의 접경에 위치하고 지하철 5호선, 9호선 차량기지가 있다. 산의 형태가 꽃이 핀 모양과 같아서 붙여진 이름이다. 도시이면서 전원적 풍경이 있는 이런 곳이 좋다.

2022년 11월 하순, 계절은 가을의 끝과 겨울의 시작이 맞물렸지만 날씨는 한겨울 못지않았다. 유난히 매서운 바람이 귀와 볼을 때렸다. 나는 칼바람을 헤치며 개화산자락 아래에 있는 아담한 3층 건물을 찾았다. CEO가 장애인인 (주)휠로피아 건물이다.

사람은 누구나 꿈을 꾼다. 하지만 누구에게는 평범한 꿈이 누군가에게 간절한 꿈이 되기도 한다. 휠체어를 타는 장애인은 두 발로 걷는 것이 간절한 꿈이다. 끼니 걱정을 하는 사람은 쌀독이 차기를 간절히 소망한다. 그러니 자신의 꿈으로 타인의 꿈을 재단해서는 안 된다. 각자의 꿈은 다 나름의 뜻이 있다. 황새가 뱁새 다리 짧다고 흉보는 것은 길이의 이치를 모르는 우매함이다.

요즘 '소확행(小確幸)'이라는 말을 자주 쓴다. 작지만 확실히 실현 가능한 행복이라는 뜻이다. 휠체어는 걷지 못하는 사람의 다리가 되어준다. 다리를 마음껏 쓰지 못하는 장애인에게 휠체어는 '소확행'이다. 주어진 여건에서 선택할 수 있는 작은 행복이다. 휠체어는 세상으로 나아가려는 누군가의 문을 열어준다. 휠체어가 '아픈 희망'을 태우는 셈이다. 개화 산자락 아래에 있는 3층 건물을 찾은 것은 장애인의 발이 되는 휠체어를 만드는 김윤제 CEO를 만나보고 싶어서였다. 그는 자신도 휠체어를 타는 장애인이다. 장애인이 장애인을 돕는 그 마음이 궁금했다.

휠로피아는 노인용품과 장애인용 의료기기를 전문적으로 취급하는 중소기업이다. 1997년 6월에 중고 휠체어 몇 대로 창업했는데 지금은 전동휠체어, 전동스쿠터, 특수휠체어, 보행기, 욕창 예방 방석 등이 매장을 가득 채웠다. 종업원 18명, 연 매출 51억 원의 꽤 탄탄한 중소기업이다. 몇 가지 호기심이 나를 자극했다. 장애인 CEO로서 사업은 어떻게 성장시켰을까. 불편한 신체는 어떻게 극복하고 있을까.

김 대표는 휠체어 없이 조금도 움직일 수 없는 '하지 기능 1급 중증 장애인'이다. 휠체어에 앉아 있을 때도 벨트를 착용해서 상체 좌우 균형을 유지해야 한다. 그 모습을 보면서 먹먹한 가슴을 어찌할 수 없었다. 두 발로 멀쩡히 걸으면서도 사소한 좌절로 주저앉는 사람이 많은데 휠체어를 타면서도 이런 기업을 일궜다. 그는 휠체어로 우뚝 서는 사람으로서 다가왔다.

장애를 입은 연유를 조심스럽게 에둘러 물었다. 잠시 숨을 고르며 생각에 잠기던 김 대표가 말을 꺼냈다.

"저는 33살에 '제일기계'라는 기계 제작 업체를 설립해서 사업을 시작했습니다. 그런데 무더위가 기승을 부리던 1994년 7월, 스크루 컨베이어를 설치하던 중 기계가 떨어졌고 저는 그 기계에 깔려 흉추가 망가지는 불의의 사고를 당했습니다. 그때 제 나이 43살이었습니다."

김 대표는 악몽의 순간이 떠오르는지 잠시 말을 멈췄다. 두어 차례 한숨을 쉰 뒤 다시 말을 이었다.

"사고 직후의 심정은 말로 설명할 수가 없습니다. 대소변을 마음대로 가릴 수가 있습니까, 마음대로 걸을 수가 있습니까. 남한테 말 못 할 일들이 정말 많았습니다. 절망은 오래갔습니다. 희망은 저 멀리 달아났고, 몸은 서너 살 아이보다 못했고, 마음은 곪아만 갔습니다. 사고 당한 뒤 2년은 줄곧 원망만 했지요. 이렇게 살면 뭐하나 하는 생각에 몇 번이나 스스로 목숨을 끊으려고도 했고요."

김 대표의 눈망울에 눈물이 고였다. 내 가슴에도 눈물이 흘렀다. 처지가 달라도 그의 아픔이 고스란히 전달되었다. 숨을 고른 뒤 육체적·정신적 고통을 어떻게 극복했는지 물었다. 극복담을 들려주는 목소리는 의외로 담담했다.

"희망이라는 게 뜻밖의 상황에서 찾아왔습니다. 세브란스병원 7층에서 창밖을 내려다보니 한 장애인이 차에 올라타서 휠체어를 뒤에 싣고 운전해 가더라고요. 그 순간, 희망이라는 두 글자가 가슴에 확 들어왔습니다. 내가 평생 주저앉지 않고 뭔가에라도 의지해 가고 싶은 곳을 갈 수 있겠구나 하는 희망이 생겼습니다. 누군가는 그게 무슨 희망이냐 하겠지만 저에겐 별처럼 반짝이는 희망이었지요. 휠체어 장애인이 운전을 하는 모습은 제가 절망의 터널을 빠져나오는 데 큰 힘이 되었습니다. 제가 장애인 용품에 관심이 생긴 것도 그때입니다."

그의 얼굴에 미소가 번졌다. 그건 해탈인 듯도 했고, 포기인 듯도 했다. 어쩌면 포기라는 징검다리를 건너야 해탈이라는 건너편에 닿는지도 모른다. 김 대표가 앉아 있는 모습을 유심히 보니 왼쪽 다리가 아예 없었다. 최근 패혈증 근막염에 욕창까지 겹쳐 불가피하게 왼쪽 다리를 절단했단다. 잘라야 사는 아이러니를 들으며 육체가 잘려나가면 그 영혼은 또 얼마나 아플까 하는 생각이 스쳤다.

그는 매일 아침 5시 30분에 일어난다. 남보다 빨리 일어나도 남 시간에 맞추는 게 버겁다. 그게 장애인의 아픔이고 비애다. 하지만 그는 아픔과 비애를 꾹꾹 눌러 삼킨다. 뒤를 돌아보기보다는 느리지만 앞으로 걷는다. '뒤를 보는 사람은 과거에 살고 주위를 보는 사람은 오늘을 살고 앞을 보는 사람은 미래에 산다'는 말이 있다. 그는 한 다리로, 그것도 온전치 않은 한 다리로 미래를 산다. 더디지만 휠체어를 타고 손수 운전해 삶터로 간다. 매장에 전시된 휠체어를 꼼꼼히 살펴보고, 3층 사무실에서 환율과 이메일도 확인한다. 몸은 불편하지만 일상은 여느 기업 대표와 크게 다르지 않다. 휠로피아는 '휠체어를 타는 장애인이 다 같이 모여 행복한 꿈을 꾸자'는 의미로 붙여진 이름이다.

김 대표가 인터뷰 말미에 자신의 심정을 들려줬다.

"10년 동안 기계 사업을 하면서 거래처도 생기고 돈도 꽤 모았었지요. 빚도 갚고 살만하다고 생각하니 돈 쓰는 게 최고의 재미였습니다. 그러다 40대 초반에 몸이 이렇게 되니⋯ 건강을 잃으면 돈이 무슨 의미가 있나요. 지금은 신실한 마음으로 이웃과 더불어 살고 처지가 비슷한 사람들을 도와주고 싶은 마음뿐입니다. 지금은 살아있음에 감사합니다. 개똥밭에 굴러도 이승이 저승보다 낫다 했는데 제가 지금 그런 마음으로 살고 있습니다."

김 대표는 2019년 가을, 딸을 시집보내면서 기립형 휠체어를 타고 신부를 입장시켜 하객들을 숙연하게 했다. 그는 또 "딸아, 아빠 염려는 하지 마라. 이제 건강한 남편이 너를 지켜줄 거다."라는 말로 식장을 울음바다에 빠뜨렸다. 그가 사고로 딸에게 얹어준 아빠라는 짐은 얼마나 무거웠을까. 그런 아빠를 두고 남편에게로 가는 딸의 심정은 또 어땠을까. 세상은 꽃길만 걸으라고 응원하지만 가시에 찔리고 돌부리에 걸려 넘어지는 게 인생길이다. '보통'이라는 평범한 단어가 누군가에게는 '특별'로 읽히는 게 세상이다.

미국 웨슬리언대에서 철학을 전공한 지인이 있다. 학부 시절, 담당 교수로부터 '1일 장애인 체험'을 해서 제출하는 과제를 부여받았다고 한다. 교수는 학생들에게 두 눈 가리기 밴드와 시각장애인용 지팡이 두 개를 지급했다. 당시 학교에서 기숙사 생활을 했던 지인은 24시간 내내 시각장애인 체험을 하고 과제물을 제출했다. 그는 처음에는 눈을 감은 채로 지팡이에 의존해 너무 답답하고 불편했지만, 자신을 살펴보는 귀한 체험이었다고 했다. 나에게서 너로 관점을 옮기면 그만큼 공감이 커진다. 남을 이해하는 네 글자는 역지사지(易地思之)다. 나로 미뤄 너를 살펴야 타인을 깊이 이해한다. 성경도 공자도 "내가 하기 싫은 것을 남에게 시키지 말라."고 했다.

인간에게 붙여진 우아한 수식어는 많다. '만물의 영장', '생각하는 갈대', '이성적 존재'는 인간의 위치를 여타 동물 위에 올려놓는다. 철학자 데카르트 철학의 키워드는 이성, 합리, 사유, 존재 등이다. 인간은 '만물의 영장'이라는 이름값을 해야 한다. 그건 타인의 아픔을 내 마음처럼 보듬는 일이다. 장애인과 비장애인이 편견 없이 어울려 사는 조화로운 세상을 만드는 일이다.

스토아학파의 창시자 에픽테토스가 친구 집을 방문했을 때의 일이다. 일처리가 서툰 하인을 친구가 나무라자 에픽테토스가 말했다.

"여보게 친구, 그 하인도 하나님을 조상으로 둔 고귀한 혈통 아닌가. 그리 보면 우리가 모두 형제인데 그깟 일로 하인을 나무라면 하나님이 보시기에 어떠하겠나."

리처드 도킨스는 『이기적 유전자』에서 모든 동물은 태생적으로 이기적 유전자가 있다고 했다. 그러면서 세상을 지배하는 우월적 종족의 특징은 동족 누군가가 아픔을 겪을 때 위로하고 힘을 보태주는 종족이라고 했다. 그에 따르면 인간이 세상을 지배하고 있으니 인간에게는 어려움에 처한 타인을 아끼는 마음이 각별해야 한다. 그게 '만물의 영장'이라는 완장 값을 하는 일이다.

장애인, 비장애인을 쉽게 구분 짓지만, 속내를 들여다보면 육체가 건강하면서도 마음이 악해 영혼의 장애가 있는 사람이 있고, 비록 육체는 장애가 있지만 영혼이 맑은 사람도 있다. 헬렌 켈러는 "맹인으로 태어나는 것보다 더 비극적인 일은 앞은 볼 수 있으나 비전이 없는 것이다."라고 했다. 그의 말에 비추면, 산학협력을 통해 로봇 공학의 새로운 세계에 도전하고 있는 김 대표는 누구보다 비전이 뛰어난 사람이다.

생사의 갈림길에서 마음을 다잡고 다시 일어서 희망을 걷는 김 대표의 휠체어에서는 꿈의 향기가 난다. 비장애인이라 불리는 나에게서는 어떤 냄새가 날까. 생각이 깊어지는 이 밤, 나에게 묻는다.

꿈꾸는 3막

2022년 2월 말, 대학 교수에서 정년 퇴임을 했다. 퇴임 보너스로 생긴 시간을 무엇을 하며 보낼까 궁리를 했다. 나는 원래 가만히 있지를 못하는 성격이다. 40여 년 전 사회에 첫발을 내디딘 이후 고속열차처럼 숨 가쁘게 달렸다. 그간의 세월도 광속으로 흘렀다. 세상에 영원한 것은 아무것도 없다. 삶은 강물처럼 쉬지 않고 흘러가고, 세월에 나이가 스며든다.

엘리너 루스벨트는 미국 32대 루스벨트 대통령의 부인이다. 열 살 때 고아가 되어 혹독한 노동을 하며 고달픈 삶을 살았지만 인생관은 낙관적이었다. "어제는 역사이고 내일은 미스터리이고 오늘은 선물이다."라는 그의 말은 명언 중 명언이다. 지난날은 추억으로 기억되고 다가올 날은 설렘으로 기다려진다지만 최고의 선물은 바로 오늘이다. 그러니 현재(Present)는 동시에 선물(Present)인 것이다. 현재의 삶을 어떻게 행복하고 가치 있게 보낼 것인가. 나는 진지하게 그 방법을 생각했다.

우리나라는 초고령화 사회에 접어들었고, 교회에도 예외 없이 노인 연령층이 증가하고 있다. 퇴임 후 7개월쯤 지난 9월 어느 주일, 주님의 교회 예배에 아내와 함께 참석했는데 '꿈꾸는 3막'이라는 모집 공고를 접했다. 교회에 출석하는 65세 이상 신도가 신청 자격이고, 24명을 선착순으로 모집한다는 내용이었다. 예배를 마친 뒤 바로 담당하시는 한시영 목사님에게 참가 신청 문자를 보냈는데 "이미 마감되었습니다."라는 회신을 받고 너무 아쉬웠다. '아니, 이렇게 관심이 많고 경쟁이 치열하단 말인가?' 그런데 행운의 여신이 찾아온 걸까? '꿈꾸는 3막' 개강 하루 전인 10월 5일 결원이 생겨 참가 가능하다는 전화 연락을 받았다. 초등학교 입학 때처럼 가슴이 설렜다.

'꿈꾸는 3막'은 교회의 노년 세대를 위한 노년기 신앙 교육 과정이자 행복한 삶을 위한 두 달간의 프로그램이었다. 영성, 비전, 지성, 관계, 영향력, 건강 등 6개의 주제를 가지고 노년 세대를 행복하고 풍성한 새로운 인생길로 인도하는 것이 프로그램의 취지다. 월터 라이트는 인생을 3개 분기로 나누었다. 그에 따르면 1분기는 0~30세로 정체성과 목적, 친밀감과 관계를 형성하는 시기, 2분기는 31~60세로 가족을 구성하고 직업과 커리어에 전념하는 시기, 3분기는 61~90세로 소명이 재구성되는 시기다. 나는 3분기에 해당하니, 인생의 소명을 리셋(Reset)해야 한다.

프로그램 중에 성도 24명은 경기도 광주시에 위치한 화담숲으로 '꿈꾸는 산책' 사색 여행을 했다. 평균 나이가 71.5세니 나는 젊은 층에 속했다. 화담(和談)은 별세한 구본무 LG 회장의 호로, '정답게 이야기를 나누다'라는 뜻이다. 깨끗한 공기와 청명한 가을 하늘 아래 자작나무 숲과 어우러진 알록달록한 가을 단풍은 아주 정겨웠고 장관이었다. 멋진 경치에 흠뻑 취해서일까. 함께한 일행은 서로 마음을 열고 감사, 공감, 나눔의 시간을 가졌다. 상대의 처지를 이해하고 고통을 함께 느끼는 공감 능력이 얼마나 중요한지 피부로 느끼는 현장 체험이었다. 공감 능력은 선택이 아닌 누구나 지녀야 할 필수 자질이라는 생각이 들었다. "단풍보다 노년이 더 아름답다."는 말에 "하하! 호호!" 웃음꽃이 만발했다.

60여 년을 살아온 나의 인생을 20대부터 현재까지 10년 단위로 나누어 되돌아보면서 인생의 전환점과 중요한 사건, 기억에 남는 어려움 등을 스스로 성찰하는 소중한 기회를 가졌다. 나의 인생에는 전환점이 세 번 있었다. 첫째는 13년간의 일본 주재 생활이 나와 가족의 글로벌 프런티어 정신을 일구어 놓은 것이다. 둘째는 삼성그룹의 벤처기업이었던 아이마켓코리아에서의 10년으로, 삶의 방향을 새롭게 설정하는 계기가 되었다. 셋째는 대학 교수로서의 활동이 교육과 코칭을 통한 사회봉사의 길로 접어들게 한 것이다.

내가 맡고 있던 한신대 '회계 취업동아리' 학생들과 마지막 종강 식사 자리에서 졸업을 앞둔 어느 학생이 물었다.

"교수님, 이제 사회생활을 곧 시작해야 하는데 어떻게 하면 좋을까요?"

나는 곧바로 메모지를 꺼내 'Aim High!'라고 적어 보여 주면서 젊은 시절의 꿈은 높아야 한다고 했다. 높은 꿈과 높은 목표를 세우고 인내하면서 꾸준히 꿈에 다가가라고 했다. '간절히 그리면 마침내 그 꿈을 닮는다'는 유명한 문구도 들려주며 아직 꿈이 없으면 서둘지 말고 먼저 마음속 깊은 곳을 들여다보라고 했다. 인생을 꽤 살아온 나는 안다. 꿈의 씨앗은 누군가가 말 몇 마디로 대신 심어줄 수 없다는 것을. 옆에 있는 여학생이 돌직구 질문을 던졌다.

"교수님은 청소년 시절에 어떤 꿈이 있었나요?"

"나는 어릴 때 선생님이 되는 게 장래 소망이었어요."

"그럼 꿈을 다 이루셨네요. 꿈에는 어떻게 도달하셨나요?"

꿈을 다 이루셨다는 학생의 말에 순간 주춤했다. 나는 꿈을 다 이루었을까. 세상에 다 이룬 꿈이 있을까. 꿈이 다 이루어졌다면 앞으로의 길은 건조하기만 할 텐데, 그 길은 또 어떻게 걸어갈까. 머릿속에 스친 생각을 떨치고 사회생활을 꿈꾸는 학생들에게 도움이 될까 싶은 이야기를 들려주었다. 가난한 집안 장남으로서의 책임, 직장에 다니며 공부한 주경야독, 포기하지 않은 꿈, 상고를 졸업해 박사학위를 받기까지의 과정 등…. 학생들은 연신 고개를 끄덕였지만 속으로는 '꼰대'라는 두 글자를 썼는지도 모른다. 기성세대는 늘 가르치려 하고 청춘은 이를 '꼰대'라고 칭하는 세상 아닌가. 그래도 초롱초롱한 학생들의 눈빛에 조금은 힘을 얻었다.

노년 관심의 1순위는 단연 건강이다. 만나면 거의 건강 얘기다. 육체의 건강과 마음의 건강은 동전의 양면이다. 마음이 무너지면 육체도 무너진다. 건강한 신체에 건강한 정신이 깃든다고 했는데 그 반대도 마찬가지다. 건강한 정신에 건강한 육체가 깃든다. 행복하고 긍정적인 생각을 하면 면역 세포의 일종인 T세포, NK세포가 활성화되어 암세포를 죽인다고 한다. 마음이 곧 항암제인 셈이다. 그러니 감사하는 마음, 긍정적인 마음은 규칙적인 운동만큼이나 건강에 필수 조건이다.

영국의 심리학자 로스웰과 인생 상담사 코언이 만든 행복 공식에 따르면 행복은 세 가지 요소에 의해 결정된다. 인생관, 적응력, 유연성 등 개인적 특성을 나타내는 P(Personal)와 건강, 돈, 인간관계 등 생존 조건을 가리키는 E(Existence) 그리고 야망, 자존감, 기대, 유머 등 고차원 상태를 의미하는 H(Higher order)가 바로 그것이다. 이들에 의하면 '행복지수=P+(5 X E)+(3 X H)'로 정리된다. 생존 조건인 E가 개인적 특성인 P보다 5배 더 중요하고, 고차원 상태인 H는 3배 더 중요하다. 시니어 세대는 질병, 재정 결핍, 관계 단절이라는 3중고(重苦)에 시달리는 경우가 많아 생존 조건(E)을 잘 관리해야 한다.

정신 의학자로 나치 아우슈비츠 강제 수용소에서 참혹한 고통을 겪었던 빅터 프랭클은 저서 『죽음의 수용소』에서 '자극과 반응 사이에는 공간이 있다. 그 공간에는 자신이 어떻게 반응할지 선택할 능력과 자유가 있다. 그 공간에서 결국 자기 자신을 마주하게 되고 자신의 가장 깊은 곳에 있는 가치도 발견할 것'이라고 했다. 자극이 같아도 반응은 다르다. 물질이 빈곤해도 꿈이 풍성한 사람이 있고, 곳간이 넘쳐도 마음은 인색한 사람도 있다.

'꿈꾸는 3막'은 내게 새로운 공간이자 시간이었다. 지나온 날들을 성찰하고 앞날은 어떻게 살아야 할지, 무엇을 해야 할지, 새로운 꿈을 꾸는 가치 있는 시간이었다. 오마에 겐이치는 『난문쾌답』에서 말하기를, 사람이 바뀌는 것은 시간을 달리 쓰거나 사는 곳을 바꾸거나 혹은 만나는 사람을 바꾸는 것이라고 했다. 나는 꿈꾸는 3막을 통해 풍성한 노년을 위한 다양한 주제를 만났다.

꿈꾸는 3막 프로그램을 마칠 즈음에 '꿈꾸는 노년'이 머리를 스쳤다.

100세 시대에 60대가 노년은 아니지만 정년 퇴임을 했으니 새로운 꿈, 새로운 길을 걸어야 함은 분명했다. 중국 은나라 시조 탕 임금은 게으름을 경계하기 위해 대야에 일신일신우일신(日新日新又日新)을 새기고, 하루하루 또 날마다 새로워지려고 애썼다고 한다. 나도 새로운 인생을 꿈꾸며 설레는 하루하루를 살아야겠다. 뜀박질을 멈추고 길가의 꽃들을 보며 천천히 음미하는 삶을 걸어야겠다. 이웃을 배려하고 나눔을 실천하며 어른답게 늙어가야겠다. 나이에 나를 가두지 말고 청춘의 심장으로 푸르게 세상을 살아가야겠다. 아름다운 노년을 꿈꾸며….

또 다른 시작을 위하여

"당신이 지금 손을 담근 강물은 흘러가는
  물의 마지막이고 흘러오는 물의 첫물이다."
레오나르도 다빈치의 비밀노트에 나오는 이 문구를 가슴에 품고 산다.
어쩌다 청춘에게 들려줄 이야기가 있을 때도 이 문구의 뜻을 풀어주고,
길이 막힌 듯한 곳에서도 이 문구를 꺼내 본다. 그러면 어둑한 길이 조금
은 밝아진다.

졸업과 퇴직은 인생의 징검다리다. 인생길을 걷는 자는 누구나 딛고
건너야 하는 디딤돌이다. 저편에 이르려면 징검다리를 건너야 한다. 졸업
은 설렘과 아쉬움이 겹치고, 퇴직은 후련함과 상실감이 맞물린다. 세상에
달랑 한 가지 뜻만 매달린 것은 없다. 현상은 하나지만 해석은 여럿인 이
유다.

올해 1월 12일, 이사장으로 있는 용동중학교 졸업식이 있었다. 학교

장으로부터 치사를 해달라는 연락을 받고 고민이 많았다. 한창 감수성이 예민한 학생들에게 무슨 말을 할까. 아버지 고민을 눈치 챈 직장 다니는 아들이 코칭을 해준다.

"무엇보다 길게 해서는 안 돼요. 좋은 말도 길면 훈시로 받아들여요."

나도 그 정도 센스는 있다. 아들 말을 기꺼이 수긍하고 2~3분 분량의 아주 짧은 원고를 준비했다.

"사랑하는 졸업생 여러분! 여러분은 이제 정든 용동중학교를 떠나 새 꿈을 신고 고등학교로 진학합니다. 미지의 길로 떠나는 여러분께 세 가지 당부 말씀을 드리겠습니다. 첫째, 지난 3년간 학창 시절의 좋은 추억들을 꼭 간직하시길 바랍니다. 정든 교정, 친구들과의 우정, 선생님의 가르침 등이 어우러진 즐거운 추억들은 앞으로 여러분이 커나가는 데 좋은 영양소가 될 것입니다. 둘째, 대나무처럼 모든 일에 매듭짓기를 잘 하시길 바랍니다. 줄기가 굵지 않은 대나무가 강한 것은 다른 나무와는 달리 일정한 간격을 두고 매듭을 지을 줄 알기 때문입니다. 대나무의 강함은 높이가 아니라 매듭에서 비롯됩니다. 갈대는 매듭이 있기에 부드러워도 꺾이지 않습니다. 셋째, 미래를 향한 큰 꿈을 꾸시길 바랍니다. 콩나물은 물을 먹으며 크고, 미래는 꿈을 먹으며 자랍니다. 여러분의 꿈이 하루하루 영글어가기를 바랍니다. 대한민국의 미래는 여러분이 있기에 더 아름다워질 것입니다. 졸업생 여러분이 미래의 주인공입니다. 졸업을 축하합니다."

졸업생 중 18.3%인 33명이 기계/전기, 산업/조경 디자인, 요리, 물류, 바이오식품 등 특성화고에 진학한다. 대학 졸업을 성공의 필수코스로 여기던 전통적 인식이 어떻게 변하고 있는지를 여실히 보여주는 수치다. 초롱초롱한 눈빛에서 미래의 희망을 본다. 재학생의 보내는 정과 졸업생의 떠나는 정을 나누는 송사와 답사가 생략된 건 격세지감을 느끼게 했다. 보내는 마음, 떠나는 마음이 아쉬워 서로 눈물을 흘리게 한 것이 송사와 답사 아니었던가. 나의 중학교 시절 졸업식장 분위기는 사뭇 엄숙했다. 하지만 지금은 축제로 바뀌었다. 180명 한 명 한 명에게 교장 선생님이 졸업장을 수여할 때마다 강당 대형 화면에서는 학창 시절의 동영상과 음악이 울려 퍼졌다. 다만 코로나19 때문에 학부모님들이 자녀 졸업식을 직접 보지 못하고 강당 밖에서 기다려야 했던 점이 마음 아팠다. 몹쓸 놈의 바이러스, 이 또한 지나가리라.

차가운 바람이 엄습해온다. 겨울 날씨보다 줄을 잇는 퇴직 이야기가 더 차갑다. 밝은 새해 인사를 나눈 기운이 채 가시기도 전에 신한은행 OO지역단 단장으로부터 한 통의 문자를 받았다.

"교수님, 이제 새로운 출발을 해야 할 것 같습니다. 그동안 많은 도움을 주셔서 감사했습니다."

그는 대학을 졸업하고 은행에 입사하여 30여 년간 근무했다. 인품이 좋고 합리적이어서 직원들이 잘 따른다. 고객관리도 잘해 그동안 상당한 실적을 올린 것으로 알고 있다. 그래도 퇴직은 누구도 피하지 못하는 삶의 운명 같은 것이다. 사람마다 그 시기에 차이가 있을 뿐이다. 지인들에게 퇴직 문자를 보내는 심정은 어떠했을까. 동병상련인지 가슴이 시리다. 진심을 담아 답신 문자를 보냈다. 내 마음이 작은 위로가 되기를 바라면서.

요즈음 어두운 퇴직 관련 뉴스들이 유독 눈에 들어온다. '40대의 퇴직, 화이트칼라의 위기, 업종 불문 청년 희망퇴직, 고용시장 칼바람, 밀어내기식 권고사직…' 암울하고 착잡하다. 며칠 전, 나이 서른넷에 권고사직으로 일터를 잃은 어느 직장인 기사를 접했다. 말이 권고이지 경기 부진으로 고용을 축소해야만 하는 기업이 한 청춘을 '강제 퇴출'시킨 것이다. 피지도 못하고 꺾인 한 송이 꽃을 보는 듯해 내 마음 한구석이 아렸다. 그래도 청춘이니, 마음을 추슬러 다시 세상에 당당히 서지 않겠는가. 모든 꽃은 흔들리며 핀다 했으니.

코로나19의 여파 탓일까, 디지털 전환의 역설일까. 과거 IMF 시절의 해고 악몽이 다시 재연되는 것은 아닌가 하는 불안감이 든다. 우리나라의 법정 퇴직 연령은 60세지만 직장인 평균 퇴직 연령은 49세이다. 자의든 타의든 법이 보장해준 정년보다 10년 일찍 직장을 떠나는 것이다.

정신없이 일하느라 세월 가는 줄 몰랐던 내게도 퇴직의 날은 어김없이 다가왔다. 2011년 말 삼성그룹에서 인터파크로 주인이 바뀌면서 아이마켓코리아를 퇴직했다. 그건 삼성그룹과의 이별이기도 했다. 당시 회사에서 마련해 준 기념패와 행운의 열쇠는 아직도 서가 한구석에 놓여있다. '재임 기간 중 회사 발전을 위하여 헌신한 노고에 깊은 감사를 드리며…'라는 문구가 왠지 상투적으로 다가온다. 내가 정말 헌신했을까 하는 자괴감도 든다. 아이마켓코리아를 합쳐 37년 동안 삼성그룹에서 근무했다. 삼성은 내 삶의 절반 이상인 셈이다.

퇴직 당시 내 나이 50대 중반이었다. 회사를 떠난다는 게 실감 나지 않앉고 상실감과 회한이 가슴 깊이 스며들었다. '어찌 이런 일이…' 집에 돌아오면서, 집에 돌아와서도 수없이 스스로에게 묻고 또 물었다. 우문현답(愚問賢答)이랄까. 밤새 고민 끝에 세 갈래로 생각을 정리했다.

이제 홀홀 털고 퇴직이라는 강을 건너자! 그동안의 가슴 벅찼던 일과 좋았던 추억들을 간직하고 '긍정의 힘'으로 새롭게 도전하자! '지금의 나'가 있기까지 음으로 양으로 응원해 준 가족, 직장 동료, 상사, 주위 분들께 진심으로 감사드리자!

마음이 천국이고 마음이 지옥이라고 했던가. 생각을 정리하니 무거운 마음이 홀가분해졌다. 37년이면 직장인이 부러워할 기간 아닌가. 나는 퇴직 통보를 받은 다음 날 아침 일찍 출근해서 회사 내 직원과 지인들에게 이메일로 편지를 보냈다.

안녕하세요?

겨울이 오는가 싶더니 어느덧 동지가 문턱에 다가왔습니다.

1974년 7월 16일 제일모직으로 입사하여 사회에 첫발을 내디딘 후 반평생 한길을 뛰어오다 보니 어느덧 종점에 다다랐습니다. 제일모직, 삼성 비서실, 삼성물산, 일본 삼성을 거쳐 아이마켓코리아 상무를 끝으로 삼성이라는 울타리 안에서 37년간의 직장 생활을 마치게 되었습니다.

직장은 제 삶의 전부였습니다. 그 안에는 저의 애환(哀歡)이 고스란히 담겨 있습니다. 하지만 지금 제 안에는 즐거운 추억만 가득합니다. 당분간은 산에서 싱그러운 공기를 마시고, 책으로 세상 사는 지혜를 배우고, 귀한 분들과 살아온 이야기를 나누고자 합니다. 그러다 인생 2막이 주어진다면 다시 그 무대에 올라 새로운 꿈을 펼치려고 합니다. 그동안 도와주시고 끌어주시고 밀어주신 모든 분의 지도와 사랑을 깊이 간직하겠습니다. 밝아오는 2012년 새해에는 하루하루가 더 아름답게 빛나기를 기원하겠습니다. 다시 한번 진심으로 감사드립니다.

- 2011년 12월 21일, 유영석 드림

편지를 보내며 마음을 비우니 생각도 가볍다. 미련을 버리고 결혼한 지 27년 만에 처음으로 가족과 함께 해외 여행길에 올랐다. 인간은 살면서 다양한 상실감을 경험한다. 버스나 기차에서 중도하차 하기도 하고 낯선 곳에서 길을 잃고 헤매기도 한다. 상실은 무언가를 잃어버리거나 빼앗겼을 때 느끼는 감정이다. 그 무엇은 물건일 수도 있고 직장일 수도 있다. 사람, 사랑, 성공, 자신감, 성취욕, 관심…. 이 모든 것은 상실이라는 집합의 원소들이다.

상실 대처법은 사람마다 다르다. 공허함을 메우지 못하고 상심하고 좌절하는 사람도 있고, 현실 인식과 도전을 거쳐 새로운 자신을 찾아가는 사람도 있다. 사람의 성숙 정도는 상실 대처법을 보면 대충 가늠이 된다. 성숙은 외부 충격에 쉬이 흔들리지 않는 내공이다. 『레미제라블』의 저자 빅토르 위고는 "인생의 싸움은 자연과 인간의 싸움, 인간과 인간의 싸움, 자기 자신과의 싸움이 있는데 자신과의 싸움이 제일 중요하다."라고 했다. 내게는 '제일 중요하다'가 '제일 어렵다'는 말로도 들린다.

끝은 시작과 맞물린다. 졸업은 다른 세상으로 가는 시작이고, 퇴직은 인생 2막의 첫 계단이다. 그리 보면 죽기 전까지의 모든 끝은 새로운 시작의 처음이다. 언덕을 넘고, 바다를 건너가는 중간의 한 정거장일 뿐이다. 여정은 종착지가 아니라 가는 길의 그 어디쯤이다.

다시 들춰봐도 다빈치의 말은 명구 중 명구다.

"당신이 지금 손을 담근 강물은 흘러가는 물의 마지막이고 흘러오는 물의 첫물이다."

2장
긍정의 힘

생각대로 믿음대로

믿음을 품고 세상을 걷는 사람이 있고, 의심을 쥐고 걷는 사람도 있다. 긍정적인 사람은 위기에서 기회를 보지만 부정적인 사람은 기회에서 위기를 본다. '된다'는 사람이 있고, '안 된다'는 사람이 있다. 말은 세상에 뿌리는 씨앗이다. 믿음대로도 되지만 말대로도 된다. 인생의 항로는 '생각'이라는 핸들로 결정된다. 긍정적 생각은 긍정의 길로, 부정적 생각은 부정의 길로 인생을 인도한다. 자동차에는 전진 기어와 후진 기어가 있다. 운전자의 선택에 따라 차는 앞으로도 가고 뒤로도 간다. 긍정적인 생각을 가진다면 전진 기어로 목적지에 이를 수 있지만, 후진 기어를 놓고는 앞으로 가지 못한다.

감명 깊게 읽은 책 중에 미국 조엘 오스틴 목사가 쓴 『긍정의 힘(Your Best Life Now)』이 있다. 저자는 책에서 자신의 발목을 잡는 부정적인 태도를 벗어던지라고 강조한다. 더 큰 비전을 품고 더 많은 일을 행하고 더 큰 즐거움을 누리며 더 대단한 사람이 된 자신을 상상하라고 한다. 행복한 삶에는 긍정적 마인드가 핵심이라는 것이 골자다. 그가 제시한 행복의 7단계는 '비전 세우기-건강한 자아상 키우기-생각과 말의 힘 발휘하기-과거의 망령에서 벗어나기-역경을 통한 강점 찾기-베푸는 삶-행복하기 선택'이다. 생소한 내용은 거의 없지만 살면서 실천해볼 만한 것들이다. 현대인에게 부족한 것은 말이 아니라 실천이다.

성공으로 가는 문과 행복으로 가는 문은 다르다. 성공은 행복의 필요조건일 수는 있지만 충분조건은 아니다. 성공은 했지만 불행한 사람도 있고, 사회적 잣대로 성공은 못했어도 삶이 행복한 사람도 있다. 행복은 물질보다 마음으로 가늠되기 때문이다. 마음이 밝으면 어깨에 얹힌 바위만한 무게도 조약돌처럼 가볍지만 마음이 어두우면 조약돌도 천만 근 바위처럼 무겁다. 행복으로 가는 길은 마음, 즉 긍정적 생각이 인도한다. 그러니 마음이 지옥이면 세상천지가 온통 지옥이다.

오래된 자료들을 정리하다가 언론 인터뷰 기사를 발견했다. 잠시 추억의 필름을 돌려보았다. 오랜 해외 주재 생활을 마치고 2002년 2월 귀국해 당시 삼성그룹 계열사였던 아이마켓코리아 임원으로 근무하던 2006년 5월, 전자신문 기자가 불쑥 찾아와서 잠시 인터뷰를 하자고 했다. 별로 내세울 것도 없고 말주변이 없어서 망설이다가 얼떨결에 몇 마디 한 것이 기사화된 것이다. "좋지 않은 환경도 바꿀 수 있다는 긍정적 사고의 힘이 성공 비결이죠."라는 말을 인터뷰 기사 타이틀로 뽑았는데, 나도 내가 했던 말이 궁금해서 다시 읽어보니 골자는 '긍정의 힘'으로 모아졌다. 도전, 창의, 신뢰라는 키워드도 눈에 띄었다.

누구에게나 미션(사명)이 있다. 학생은 꿈을 실현하기 위한 배움이 미션이고, 직장인은 맡은 일을 성실히 완수하는 게 미션이고, 리더는 조직을 단합시키고 효율성을 최대로 끌어올려 성과를 창출하는 게 미션이다. 사명감의 여부에 따라 일의 결과는 크게 달라진다. 싸움터의 장수는 갑옷과 총칼로 무장하지만 세상길을 걷는 자는 긍정적 마인드와 사명감으로 무장을 해야 한다. 그래야 발길이 가볍고 현실에 안주하지 않으며, 새로운 도전에 겁먹지 않고, 주위로부터 신뢰를 받는다. 성공한 사람들은 하나같이 긍정과 사명으로 무장했다.

전자신문 인터뷰 기사

긍정(肯定)을 한자 사전에서는 '그러하다고 생각하여 옳다고 인정한 것'으로 정의하고 있다. 즉, 안 좋은 것을 좋게 생각하는 것이 아니라 어떠한 것을 그럴 수 있겠다고 인정하는 것이다. 긍정학교 교장인 가톨릭대학교 가톨릭정신건강의학과 채정호 교수는 "일반인들이 왜곡된 짝퉁 긍정,

즉 안 좋은 것을 좋게 보는 것을 긍정이라 착각한다."고 말한다.

일본어에 'ありのまま(아리노마마)'라는 말이 있다. '사실과 실체를 있는 그대로 받아들이고 인정한다'는 의미이다. 긍정은 현실의 인정에서 출발한다. 현재 드러난 문제점이나 애로사항, 장애 요인 등을 있는 그대로 인정하고 '할 수 있다', '된다'는 마음가짐으로 해법을 찾는 것이 바로 긍정이다. 긍정은 현상의 왜곡이 아니라 현상의 인정이며, 적극적이면서 낙관적인 자세다.

사람들이 좋아하는 여인이 있었다. 그의 표정은 항상 '매우 밝음'이었다. 그 표정이 주위 사람들을 즐겁게 해 주었다. 하지만 이 여인이 10살 때 고아가 됐다는 사실을 아는 사람은 거의 없었다. 한 끼 식사를 위해 혹독한 노동에 시달렸던 소녀는 돈을 '땀과 눈물의 종잇조각'이라고 불렀다. 그에게는 남들이 갖지 못한 귀한 자산이 하나 있었는데, 그건 '낙관적 인생관'이었다. 그는 어떤 상황에서도 절망적이거나 비관적인 말을 쓰지 않았다. 엄마가 되어 여섯 자녀 중 한 아이가 숨을 거뒀을 때도 "아직 내가 사랑할 수 있는 아이가 다섯이나 있는 걸."이라고 말했다. 아이를 잃은 엄마의 아픔을 무슨 말로 표현하겠나. 하지만 그는 긍정의 힘으로 마음의 상처를 치유한 것이다.

정치 활동을 왕성하게 하던 남편이 39세에 닥쳐온 소아마비로 휠체어를 타야 했다. 절망에 빠진 남편이 방에서만 지내는 것을 지켜보던 아내가 비가 그치고 맑게 갠 어느 날 휠체어를 밀며 정원으로 산책하러 나갔다. 그리고 남편에게 다정하게 말했다.

"비가 온 뒤에는 반드시 이렇게 맑은 날이 옵니다. 당신도 마찬가지예요. 뜻하지 않은 병으로 다리는 불편해졌지만 당신이 달라진 건 하나도 없어요. 여보, 우리 조금만 더 힘을 냅시다."

자신은 영원한 불구자라며 탄식하는 남편에게 아내가 다시 말했다.

"나는 당신의 두 다리만을 사랑한 게 아니에요."

아내의 말에 감동한 남편은 다시 용기로 세상을 걸었다. 이것은 미국의 제32대 대통령 프랭클린 루스벨트의 부인 엘리너 루스벨트의 이야기다. 긍정의 갑옷을 입고, 용기와 믿음 두 다리로 걷는 발걸음이 세상에서 가장 당당하다. 긍정은 믿음과 붙어 있다. 긍정은 할 수 있다는 믿음이다. 믿음이 깨지면 긍정도 무너진다.

예수가 물 위를 걸으니 베드로가 놀라 외쳤다.

"주님이시면 저에게도 물 위를 걸으라 하십시오."

예수가 "걸으라." 하자 베드로는 배에서 내려 물 위를 걸었다. 한데 풍랑이 일자 믿음이 흔들린 베드로는 깊은 물에 빠졌다. 살려달라고 외치는 베드로 손을 잡아 올리며 예수가 말했다.

"너는 왜 의심을 품고, 왜 그리도 믿음이 약하냐."

성경은 예수와 베드로의 이야기를 통해 '믿음이 기적을 만든다'는 가르침을 우리에게 들려준다. 마태복음에 나오는 "너희 믿음대로 될 지어다."라는 예수님의 말씀도 뜻이 오롯이 일치한다. 믿음이 길을 열고, 믿음이 기적을 만든다. 믿음은 긍정 위에 세운 집이다.

베트남 전쟁 당시 포로로 약 8년간 갇혀 있던 미국 해군 장교 제임스 스톡데일은 고문 등 참혹한 생활을 겪었다. 그는 전쟁이 끝날 때까지 기적적으로 살아남아 포로에서 풀려날 수 있었다. 그는 생존의 비결이 현실적 긍정이라고 강조한다. 곧 풀려날 거라고 막연하게 믿은 낙관주의자들은 상심해서 죽었다. 하지만 전쟁이 끝날 것이라는 희망을 잃지 않으면서 현실을 받아들이고 팔굽혀펴기 등 생존을 위한 일을 찾아 했던 사람들은 결국 살아남았다.

채정호 박사의 'ABC 긍정법'은 감사와 수용(A: Appreciate), 어제보다 발전하고 나아지기(B: Better & Better), 남을 돕기(C: Care)다. 세상 모든 것은 훈련으로 나아진다. 역기를 들면 육체에 근육이 생기듯 생각도 훈련하고 실천하면 긍정감이 커진다. 도피도 마음의 습관이다. 장애를 장벽으로 인식하지 않고 뛰어넘어야 할 허들로 생각하면 마주칠 용기가 생긴다.

생각이 반복되면 습관이 된다. 긍정은 긍정을 부르고, 부정은 부정을 낳는다. 긍정은 샘물과 같다. 퍼 쓰면 또 물이 고인다.

'경영의 신'이라 불리는 이유

마쓰시타전기(松下電器)의 창업주 마쓰시타 고노스케를 부르는 다른 이름은 '경영의 신'이다. 마쓰시타전기의 내쇼날, 파나소닉은 오랜 세월 가전제품의 대명사였다. 그 성장 신화의 중심에 마쓰시타 고노스케가 있다. 그는 일본뿐 아니라 전 세계에서 추앙받는 기업가이자 경영사상가다. 특히 일본인은 그를 지난 1,000년간 가장 위대한 경영자로 뽑는다. 하버드대 경영대학원 존 P. 코터 교수는 '20세기 최고의 기업가'라고 평가하며 사람들에게 영감을 불러일으킬 만한 모델로 그에 필적할 만한 인물이 없다고 했다.

성공신화 배경에는 대개 가난이 있다. 고노스케도 예외는 아니었다. 형제가 많은 데다 아버지의 사업 실패로 그의 청춘은 가난의 굴레에서 벗어나지 못했다. 형제들 서너 명이 20대에 죽으면서 그의 젊은 날에는 죽음이라는 그림자가 어른거렸는지도 모른다. 가난을 견디지 못한 고노스케는 초등학교 4학년 때 중퇴했다. 유년기에는 결핵으로 고생했으며 체질도 허약했다. 어린 나이에 오사카 화로 가게 점원으로 사회에 첫발을 내디뎠다. 밤낮으로 걸레질하고 자전거를 수리하면서도 싫어하는 기색이 없었다. 17살에는 옥내 배선담당자 조수로 일하면서 야학에 다니며 평소 알고 싶었던 전기학을 배웠다.

사업가로서의 변신은 '아이디어 퇴짜'가 계기였다. 전기회사 검사원이던 그가 23살 때 자신이 고안한 쌍 소켓 아이디어를 회사가 퇴짜 놓자 '그럼 내가 직접 만들어 팔아보자'는 생각에 봉급쟁이를 청산했다. 약간의 퇴직금과 처남들만 데리고 45평의 창고 같은 공장에서 세 명이 시작한 회사는 쌍 소켓과 자전거 램프가 히트를 치면서 견실한 중소기업으로 자리 잡았다. 세계 전기산업 발전에 획기적으로 기여한 '마쓰시타 가전 왕국'은 이렇게 탄생했다. 24살에 창업한 이후 1989년 95세로 타계할 때는 종업원 13만 명, 매출 50조원의 세계 20위 다국적 기업으로 성장했다.

성공은 고난을 견딘 자에게 주는 신의 선물이다. 고노스케는 '신은 인간에게 감내할 만큼의 고난을 준다'는 말을 믿고, '긍정의 힘'으로 고난을 견뎌냈다. 그는 더 나아가 고난을 성공으로 가는 디딤돌로 삼았다. 견디고 피는 꽃이 더 향기롭고 더 아름답다는 것을 몸소 보여준 것이다.

그는 자신이 기업가로 크게 성공한 비결은 하나님이 주신 세 가지 은혜 덕분이라고 했다. 그가 꼽은 세 가지 은혜는 가난, 허약, 배움의 부족이다. 가난으로 그는 어릴 적부터 구두닦이, 신문팔이 등 온갖 고생을 하면서 많은 경험을 쌓았고, 체질이 허약한 탓에 평생 운동에 힘썼으며, 초등학교 4학년을 중퇴했기에 세상 모든 사람을 스승으로 여기며 배움에 게으르지 않았다는 것이다. 고난으로 주저앉는 사람이 있고, 고난을 딛고 일어서는 사람이 있다. 고노스케는 고난을 딛고 일어서 날기까지 한 사람이다. 그건 자신 안에 '긍정'이라는 단어를 품고, 그 안에 '희망'을 넣고 다녔기에 가능한 일이다.

그는 평소에도 직원들에게 긍정적 사고의 중요성을 강조했다. 그는 "감옥과 수도원의 차이가 있다면 불평을 하느냐 감사를 하느냐에 달려 있다."며 "감사하는 마음이 있으면 감옥도 수도원이 될 수 있다."고 했다. 젊은 날의 가난과 역경을 하나님이 주신 선물로 생각하고 배움과 경험으로 스스로를 단련해 세계 최고의 경영자가 된 그에게서 엄청난 '긍정의 힘'을 느낀다. 관점을 바꾸면 사물이 달리 보인다. 안 된다는 관점으로 보면 길이 없지만 된다는 관점으로 보면 길이 보인다.

1929년 일본 경제가 불황의 늪에 빠지자 기업들은 앞다퉈 직원들을 무더기로 해고했다. 하지만 고노스케는 고심 끝에 다른 선택을 했다. 위기를 기회로 만들자는 역발상을 한 것이다. 그는 직원들에게 분명한 메시지를 보냈다.

"경기가 불황이라는 이유로 절대 직원을 줄이지 않는다. 위기는 우리가 크게 성장할 수 있는 좋은 기회다. 종업원은 기업에서 제일 소중한 자산이다. 공장이나 기계는 돈만 있으면 살 수 있지만 인재는 돈만으로 살수 없다. 재고가 쌓여 있으니 이제부터 공장은 하루에 절반만 돌려 생산을 반으로 줄인다. 월급은 전액 지급한다. 대신 직원 모두 휴일을 반납하고 재고를 줄이기 위해 전력투구한다. 오전에는 회사 근무하고 오후에는 견본을 가방에 넣고 다니며 고객으로부터 주문을 받는다. 바로 지금부터 실천한다."

고노스케의 긍정 리더십을 엿볼 수 있는 일화다. 좋은 리더십은 고객은 물론 종업원도 감동시킨다. 영업직원은 물론 공장 엔지니어들도 오후에는 세일즈맨으로 변신해 피땀을 흘리며 재고품을 팔았다. 직원 모두가 회사의 주인이 된 것이다. 결국 두 달 만에 재고품은 다 팔려나갔고 회사는 위기를 이겨냈다. 이는 또한 일본의 모든 경영인이 부러워하는 모범 사례가 되었다.

마쓰시타 고노스케를 '경영의 신'으로 부르는 데는 크게 세 가지 이유가 있다. 첫째는 당대에 거의 무일푼으로 세계 초일류 기업을 세운 것이고, 둘째는 제품과 기술보다는 뛰어난 경영으로 세계적인 불황 위기를 극복한 것이며, 셋째는 수많은 인재와 경영자를 키워 그들의 창의력과 리더십으로 지속가능한 기업을 만들었다는 것이다. 그는 선택과 집중으로 일류제품들을 만들어 냈고 정경숙이라는 인재양성학교를 세워 일본의 미래를 이끌어갈 경영인재들을 육성한 것으로도 유명하다. '직장은 인재 육성의 터전'이라는 정신이 마쓰시타를 일류기업으로 만든 바탕이 아니었을까 하는 생각이 든다. 우리나라 대다수 재벌 기업이 한 가문에 의해 세습되어온 것과는 달리 그는 젊은 경영자에게 기업 운영을 맡겼다.

삼성물산 오사카 지사 주재원 시절, 본사의 연수 관련 부서장들이 마쓰시타를 벤치마킹하러 일본에 왔다. 나는 통역차 동행하여 마쓰시타 오사카 공장과 연수원을 방문했다. 직원들은 매일 아침 8시에 모여 사가를 제창하고 두루마리에 적힌 7개 정신(産業報國, 公明正大, 和親一致, 力鬪

向上, 禮節謙讓, 順應同和, 感謝報恩)을 복창하는 것으로 하루 일을 시작했다. 전 직원이 마쓰시타 고노스케교(教)의 신도가 되도록 의식 교육을 시킨다는 느낌이 들 정도였다. 마쓰시타연수원은 밤늦게까지 불이 꺼지지 않았다. 연구원들은 주입식이 아닌 철저한 토론 중심으로 주제에 대한 공감대를 넓혀갔다. 당시 연수원 담당자가 한 말은 지금도 귓가에 생생하다

"대바구니에 양동이로 물을 퍼붓는다고 생각해 보세요. 열 번, 백 번, 천 번을 부어도 대바구니에 물을 담을 수는 없겠죠. 밑으로 계속 흘러내릴 테니까요. 하지만 대바구니에는 점점 물이 스며들어 촉촉하고 감촉이 좋은 대나무로 변할 것입니다. 이러한 대나무가 곧 마쓰시타의 인재입니다. 교육은 시간을 견디는 힘이 필요합니다."

그의 말을 들으면서 마쓰시타를 글로벌 기업으로 만든 원동력은 고노스케의 역발상적인 긍정적 사고와 인재양성이라는 확신이 생겼다.

고노스케가 『길을 열다』에서 들려주는 지혜는 경영인이 아닌 우리 모두에게 깨우침을 주는 인생 팁들이다. '성공은 똑똑한 자만의 것이 아니다. 꽃을 피우려면 고난을 견뎌야 한다. 넓게 보고 타인에게 길을 물어라. 위기를 알리는 종소리를 들어라. 자기중심적 사고를 경계하라. 세상에 나와 무관한 것은 없다. 멈추면 무너진다. 오늘을 어제처럼 살지 마라.'

나는 인생길을 걸으면서 이 문구들을 가끔 읊조린다. 고노스케는 "경영은 예술이며 경영자는 경영이라는 작품을 창조하는 예술가다."라고 했다. 위대한 경영자는 돈만을 목표에 두지 않는다. 그는 평화(Peace), 행복(Happiness), 번영(Prosperity)의 정신을 키워주는 PHP 운동으로

인류의 정신을 윤택하게 하고자 했다. '경영의 신'도 청춘이 부러운 건 어쩔 수 없었나 보다. 70세가 된 어느 날 강연을 듣기 위해 모여든 수천 명의 젊은이에게 "내가 가진 전부와 바꿔서라도 여러분의 나이로 되돌아가고 싶다."라고 했으니.

고노스케는 언제나 '청춘 경영인'이다. 도전과 열정, 창의와 혁신으로 늘 변화를 갈구하며 한평생을 살았으니, 그는 죽어서도 여전히 청춘이다. 꿈이 식으면 나이보다 주름이 더 생기고, 꿈을 꾸면 나이를 먹어도 푸른 청춘이다.

탐험가 섀클턴의 긍정 리더십

　1913년 6월 17일, 캐나다 탐험가 스테판손(Stefansson)이 칼럭호를 타고 11명의 대원과 함께 북극 탐험에 도전한다. 도중에 배는 빙하에 막혀 부서진다. 그러나 탐험대장 스테판손은 자신의 명예를 위해 무리한 북극 횡단을 시도한다. 결국 탐험에는 성공하지만 11명 대원 전원이 목숨을 잃고 자신만 살아서 돌아온다. 탐험에는 성공했지만 역사는 그를 최악의 리더로 꼽는다.

　그로부터 1년 후인 1914년 8월 1일. 영국 탐험가 어니스트 섀클턴(Ernest Henry Shackleton)이 27명의 대원을 이끌고 런던에서 세계 최초로 남극횡단을 떠난다. 섀클턴은 아문젠의 탐험 성공비결을 최대한 활용했다. 하지만 목적지를 불과 150km 앞두고 이들이 타고 온 인듀어런스호는 1915년 1월 18일 얼음에 갇혀 엘리펀트 섬에서 옴짝달싹도 할 수 없게 된다.

"이제 우리의 목표는 남극횡단이 아니라 무사귀환이다. 배를 버리고 행군한다. 개인 짐은 1kg으로 제한한다."

섀클턴은 명예를 버리고 대원의 목숨을 택한다. 길을 아는 사람은 아무도 없다. 살을 에는 듯한 바람과 혹독한 추위는 공포를 배가시킨다. 섀클턴은 침낭을 제비뽑기로 나눠주려고 했는데, 조작 사실을 알아채고 질 좋은 침낭 18개는 일반대원에게 지급했다. 질 나쁜 침낭은 섀클턴을 포함한 상급 대원에게 주어졌다. 목표는 생존이고 그 과정에서 결코 계급은 없다는 것을 실증적으로 보여준 것이다. 그는 대원들에게 명했다.

"식량인 펭귄은 비축하지 마라. 펭귄이 쌓여 가면 계속 갇혀 있을 것이라는 절망감에 빠진다. 절망 속에서 죽는 것보다 굶어 죽는 것이 낫다."

1916년 4월 9일, 구조선을 기다리던 섀클턴이 결단을 내렸다.

"사우스조지아 섬으로 가서 구조선을 이끌고 돌아오겠다. 나와 함께 할 대원들은 자원하라."

사우스조지아 섬은 엘리펀트 섬에서 무려 1,000km나 떨어져 있는 섬으로 지금까지 온 거리의 10배가 넘는다. 지푸라기라도 붙잡아야 하는 섀클턴에게는 그곳에 사람이 살고 있다는 사실이 한 가닥 희망이었다. 하지만 작은 보트 하나로 시속 100km의 바람과 20m의 거대한 파도를 헤쳐 나가야만 한다. 대원들 대부분이 자원했지만 섀클턴은 그중 불만이 많고 명령에 자주 불복종하던 5명을 선발해 사우스조지아 섬으로 향했다. 보트 위에서 섀클턴이 단호히 말했다.

"우리가 실패하면 뒤에 남은 저들을 우리가 죽이는 것이나 마찬가지이다. 꼭 살아서 저들을 구해야만 한다."

결말은 대개 알 것이다. 섀클턴의 결단과 리더십은 28명 전원이 634일간에 걸친 고난을 뚫고 무사히 살아 돌아오는 기적을 만들었다.

모험을 마친 섀클턴이 아내에게 보낸 편지에서 그의 절절한 심정을 알 수 있다. '한 사람도 잃지 않고 지옥을 헤쳐 나왔다.'

나는 유튜브 HUE TV에서 '탐험가에서 배우는 섀클턴 리더십'을 보고 캐롤라인 알렉산더의 『인듀어런스』를 읽으면서 리더의 의미를 다시 한번 생각해 보았다. 만약 내가 섀클턴이라면 어떤 선택을 했을까?

대학교에서 학생들을 가르치면서 '섀클턴 리더십'을 자주 언급한다. 스테판손과 섀클턴을 비교하면서 학생들에게 그 차이점이 무엇인지 설명해보라고도 한다. 특히 사회 진출을 눈앞에 둔 4학년 학생들에게는 '섀클턴 리더십'을 가슴에 새겨보라고 강조한다. 탐욕은 자주 일을 그르친다. 지나친 명예욕도, 지나친 재물욕도 모두 탐욕이다. 탐욕은 사람을 맹인으로 만든다. 탐욕이 안에 차면 눈이 흐려져 세상이 제대로 보이지 않는다. 스테판손은 명예욕으로 대원을 모두 죽음으로 내몰았다. 병사를 다 잃고 홀로 살아온 장수는 명예가 아닌 수치다. 조직원을 아끼는 마음, 그게 리더십의 시작이다.

섀클턴의 탐험을 흔히 '성공적인 실패', '위대한 실패'로 평가한다. 탐험에는 실패했지만 퇴로가 막힌 절체절명의 위기에서 전 대원의 목숨을 살린 것은 위대한 성공이라는 의미다. 후세는 그의 실패보다 대원의 목숨을 구한 성공을 리더십의 요체로 벤치마킹한다. 실패를 몇 개 딛고 가야 닿는 게 성공이다. 하지만 조직원을 잃으면 디딤돌을 아예 없애는 것이다. 재기의 발판을 전부 걷어치우는 것이다.

탐험대원을 기적처럼 모두 생환시킨 섀클턴 리더십에서는 무엇을 배울 수 있을까.

첫째는 상황 변화에 맞춘 목표 설정이다. 그는 세계 최초의 남극 탐험이라는 목표를 세우고 항해를 떠났으나 중간에 빙하를 만나는 위기에 처하자 '생존'으로 방향을 바꾸었다. 리더의 제1덕목은 방향 설정이다. 경영학자 피터 드러커는 "사다리를 비뚤어지게 놓고 서둘러 올라가는 게 가장 위험하다."고 했다. 빙하에 갇힌 순간 '남극 탐험'은 비뚤어진 사다리가 된 셈이다. 리더는 상황이 바뀌면 사다리를 다시 놓는 유연함이 있어야 한다.

둘째는 치밀한 프로세스다. 섀클턴은 불필요한 생각과 방식은 철저히 제거했다. 타고 간 배가 난파된 후 비상식량이 저장되어 있는 섬까지 약 557km를 이동해야 했기에 짐을 최소화하고, 대원들 머리에 가득한 죽음이라는 공포도 없애려고 했다. 선택과 집중으로 생존 확률을 높인 것이다.

셋째는 공정성이다. 질 좋은 침낭 18개, 질 나쁜 침낭 10개를 제비뽑기로 배급함으로써 '계급에 상관없이 모두가 공평하다'는 원칙을 분명히 했다. 모든 식량을 사람 수대로 똑같은 분량으로 나누어 배급하도록 했고 섀클턴에게만 특식을 제공하는 것도 원칙 위배라며 거절했다. 공정과 공평은 조직을 단합시키는 핵심 키워드다. 공정이 흔들리면 조직은 바로 붕괴된다.

넷째는 솔선수범이다. 섀클턴은 좋은 침낭은 일반 대원들에게, 나쁜 침낭은 상급 대원들에게 지급함으로써 상급자가 솔선수범하는 모습을 보였다. 의복이나 물품을 상급대원보다 일반대원에게 먼저 배급했다. 또한 사우스조지아 섬으로 구조선을 가지러 갈 때도 앞장서는 모범을 보였다. 상급자는 하급자의 거울이다. 군주가 자기 잇속을 먼저 챙기면 신하도 자기 몫 챙길 궁리만을 한다. 장수가 겁을 먹으면 군졸은 서둘러 도망을 친다.

다섯째는 건강한 조직이다. 섀클턴은 사우스조지아 섬으로 갈 때 분란의 소지가 큰 5명을 데리고 갔다. 그들을 자기가 직접 관리해 책임감을 높이고 엘리펀트 섬에 남아 있는 팀에 대원들 간 갈등으로 인한 사고가 나지 않도록 미리 조치한 것이다.

여섯째는 긍정적 사고다. 그는 식량인 펭귄이 쌓일수록 계속 갇혀 있겠다는 절망이 커질 것으로 보고 비축을 제한시켰다. 또 "절망 속에 죽는 것보다 굶어 죽는 것이 낫다."며 대원들이 절망에 빠지지 않도록 독려했다. 위기에서의 긍정적 마인드는 어둠을 비추는 한 줄기 빛과 같다. 그의 소중한 자산은 낙천적인 성격으로, 극한의 상황에서도 부하들에게 화를 내지 않고 비관하는 모습을 보이지 않았다.

섀클턴은 귀환 5년 후에 다시 남극을 향해 떠났으며, 남극 대륙에 발을 딛기 직전인 1922년 1월 5일 47세로 삶을 마감했다. 그의 시신은 사우스조지아 섬에 묻혔다. 그는 짧지만 굵게 살았고, 리더가 무엇인지를 몸소 보여준 인물이다.

그의 리더십 10계명은 다음과 같이 요약된다.

1 긍정하라

2 솔선수범하라

3 자신을 믿어라

4 자책하지 마라

5 팀워크를 극대화하라

6 서로를 존중하라

7 낭비적 힘겨루기를 삼가라

8 함께 웃을 일을 찾아라

9 적극적으로 시도하라

10 절대 포기하지 마라

우리는 모두 리더다. 서로 끌고 밀어주면서 걷는 것이 세상이라는 큰 땅이다.

건강한 욕심

    나이가 들수록 슬픈 이야기를 자주 접한다. 주로 아프다는 소식 또는 세상을 떠났다는 소식이다. 얼마 전 가까운 지인 교수님으로부터 전립선 암 2기 수술을 받았다는 연락이 왔다. 복부에 구멍을 5개나 뚫어서 암세포 핏덩어리를 뽑았단다. 요실금 현상도 있어 패드를 붙이고 다닌다며, 술과 카페인을 끊고 채소나 과일 위주로 식단도 바꿨다고 했다. 그러면서 내게 당부를 했다. 어디서나 욕심이 화근이니, 절대 무리하지 말라고. 진심 어린 당부에서 온기가 전해온다.

    최근 공교롭게도 지인 3명이 전립선암 2기 판정을 받고 수술했고, 절친인 고교 친구는 간암 판정으로 수술을 받고 나서 얼마 지나지 않아 갑자기 하늘나라로 갔다. 누구에게나 죽음은 예견된 것이지만 영원한 이별은 늘 가슴이 아리다. 추상적 죽음과 개체적 죽음은 차이가 크다. 죽음을 순리라고 목청을 높이던 사람도 가족이나 지인, 자신의 죽음에는 절규하고 애통해한다. 엘리자베스 퀴블러 로스는 이른바 '죽음학'으로 명성을 떨친 인물이다. 하지만 그는 자신의 죽음은 감당하지 못했다. 그는 타인의 죽음이 '동물원 철창에 갇힌 호랑이'라면 자신의 죽음은 '철창을 나온 호랑이'라며 그 둘은 전혀 다르다고 했다. 쌓이는 지인의 부고는 나의 죽음도 조금씩 가까워지고 있다는 증표다. 삶 속에 죽음이 있고, 죽음 속에 삶이 있다 했으니 살아있음에 감사하며 하루하루를 더 알차게 살아야겠다.

의술이 놀랄 만큼 좋아졌다지만 암은 여전히 사망률 순위 1위다. 보건복지부 발표에 의하면 우리나라 국민이 기대수명(83.5세)까지 생존할 경우 암에 걸릴 확률이 36.9%에 달한다. 남자(80.5세)는 5명 중 2명, 여자(86.5세)는 3명 중 1명이 암에 걸린다는 얘기다. 암 발생 원인은 식습관, 스트레스, 유전자 등이다. 예방이 가능하면서도 운명적인 것이 암이다. 고요한 산사에서 채식으로만 마음을 닦는 스님도 암을 피하지 못한다.

피에서 암세포가 만들어지는 데 10년이 걸린다고 한다. 정상인은 백혈구가 암세포를 잡아먹는데, 스트레스가 많아지면 백혈구 숫자가 줄어들고 암세포 숫자는 늘어난다. 매사 긍정적인 사람은 스트레스가 적기 때문에 T세포, NK세포 등 면역세포가 활성화되어 바이러스에 감염된 세포나 암세포를 직접 죽이거나 제거한다. 타고난 유전자는 어쩔 수 없다고 하더라도 마음을 다스리면 암과 싸우는 저항력이 엄청 강해진다는 뜻이다. 한 번 웃으면 하루 젊어지고 하루 더 산다는 이야기가 과장만은 아니다. 적절한 운동, 체중 관리, 금연, 포화지방 섭취 줄이기 등으로 혈관을 휘젓고 다니는 나쁜 콜레스테롤을 줄이고 근육을 강화하는 것도 암 예방의 필수다. 세상사 결과는 하나지만 그 결과에 이르게 하는 요인들은 무수하다.

욕구는 무엇을 얻거나 무슨 일을 하고자 바라는 마음이고, 욕망은 부족함을 느껴 무엇을 가지거나 누리고자 탐하는 마음이다. 누구나 지금보다 나은 삶을 살고자 하는 욕망이 있다. 문제는 그 욕망이 누구의 것이냐 하는 것이다. 자크 라캉은 인간의 욕망을 파헤친 프랑스 철학자이자 정신분석가다. 그가 분석한 욕망의 문제는 한 문장으로 요약된다.

"인간은 타인의 욕망을 욕망한다."

라캉은 현대인의 욕망이 순수 자기 것이 아니라 이웃이나 조직, 사회가 만들어 놓은 것이라고 비판한다. 남의 욕망을 자기 것인 양 착각한다는 것이다. 학교, 지위, 성공, 돈의 설계자가 자신이 아니라 타인이라는 뜻이다. 그 주체성의 상실에서 현대인의 허무가 온다는 것이 그의 진단이다. 내 것을 좇지 않고 남의 것을 좇으니 늘 버겁고 불행하다는 것이다.

고대 철학자 세네카도 남의 발걸음으로 비틀대며 힘겹게 걷는 인간을 신랄하게 꼬집었다.

"분주한 사람은 하나같이 처지가 딱하다. 그중 남이 잠자는 시간에 자기 잠을 맞추고, 남의 발걸음에 자기 걸음을 맞추는 자의 처지가 가장 딱하다. 세상에서 당신 것이 얼마나 적은지를 되돌아봐라."

세네카는 평생을 남의 것을 기웃대고, 엿보고, 탐하며 사는 현대인을 겨냥한다. 누구와 비교하지 않는 당신의 욕심으로, 당신의 욕구로 세상을 살라 한다. 욕구나 욕망이 없는 삶은 절반쯤 죽은 삶이다. 욕구와 욕망은 우리가 어제보다 나은 내일을 살게 하는 원동력이자 삶의 자극제다. 적당한 욕구와 욕망은 삶에 활기를 넣어주는 윤활유다. 그 윤활유가 스트레스 지수를 낮춘다. 적당한 욕심은 육체와 정신을 건강하게 하는 선순환 사이클을 만든다.

삼성은 1994년에 '자랑스런 삼성인 상'을 제정했다. 업적이나 품행이 귀감이 되는 직원들을 격려하고 사기를 진작시키자는 그룹 차원의 취지였다. 공적상, 기술상, 디자인상, 특별상 등 4개 부문으로 주어졌으며 삼성맨들 사이에서는 명예로 꼽혔다. 이 상을 받는 것이 꿈이라는 직원도 적지 않았다. 사람은 동기에 반응한다. 상은 인간의 욕구나 욕심을 자극한다. 조직이나 기업은 직원들의 건강한 욕심을 자극해야 한다. 그래야 성장하고 역동성도 강해진다.

이사야 벌린의 『고슴도치와 여우』는 철학, 역사, 사상, 경제학을 어우르는 고전이다. 그는 '여우는 많은 것을 알고 있지만 고슴도치는 하나의 큰 것을 알고 있다'는 고대 그리스 시인 아르킬로코스의 말을 모티브로 책을 썼다. 민첩하고 교활한 여우는 고슴도치 굴 주변을 빙빙 돌며 기습할 머리를 굴리지만 어기적거리며 걷는 고슴도치를 어쩌지 못한다. 고슴도치는 위기의 순간에 몸을 공처럼 말고 가시를 세운다. 그 일관성 있는 전략 하나로 꾀가 가득한 여우를 상대한다. 고슴도치는 주변을 기웃대지도, 여우의 전략을 궁금해 하지도 않는다. 우직하게 단 하나의 기술로 여우를 대적할 뿐이다.

이 책을 읽으면서 엉뚱하게도 '욕심'이라는 단어가 머리를 스쳤다. 현대인은 이웃을 기웃대고, 이웃이 가진 것을 탐한다. 그런 현대인이 여우와 겹쳐 보였다. 고유한 내 것을 버리고 어설픈 타인의 것을 부러워하는 심리가 누구에게나 있지 않은가. 상대의 떡이 커 보여 바꾸자 해놓고 정작 바꾸면 다시 상대 것이 커 보이는 심리 말이다.

'건강한 욕심'은 건강한 가치관이 바탕에 있어야 한다. 가치관은 세 가지 질문, 즉 "왜 사는가?(Why), 무엇이 될 것인가?(What), 어떻게 살 것인가?(How)"에 대한 답이다. 이는 기업도 마찬가지다. 기업도 존재의 사명이 있어야 하고, 어떤 기업이 될지 비전이 있어야 하고, 어떻게 목표에 이를지 방법도 있어야 한다. 파스칼은 '인간은 생각하는 갈대'라고 했다. 세파에 흔들리면서도 결국 자신의 생각으로 자신으로 돌아올 줄 아는 게 인간이다.

생각은 말이 되고, 말은 행동이 되며, 행동은 습관이 되고, 습관은 성격이 되고, 성격은 결국 운명이 된다고 했다. 내 생각으로 살지 못하면 평생을 타인 생각의 노예가 된다. '건강한 욕심'은 삶의 윤활유이자 암을 물리치는 면역세포다. 또한 건강한 욕심과 긍정의 힘은 둘이 단짝이다. 욕심의 건강지수를 가끔은 체크해 봐야하지 않을까.

도전하는 삶은 늙지 않는다

여정은 비스듬한 오르막길이다. 멈추면 자칫 뒤로 밀린다. 기업이든 개인이든 부지런히 갈고닦아야 앞으로 나아간다. 어쩌면 성공에 이르는 길은 여정보다 오르막의 경사가 더 가파른지 모른다.

기업들은 지속 가능한 성장을 위해 매년 연구개발(R&D) 투자를 한다. R&D(Research and Development)는 "자연과학 기술에 대한 새로운 지식이나 원리를 탐색하고 해명해서 그 성과를 실용화하는 연구개발 활동"으로 정의된다. R&D 투자를 게을리 하면 기술개발에 뒤처지고 경쟁에서도 밀린다. 삼성전자의 2021년 매출액 대비 연구개발 투자 비율은 8.1%에 달한다. 삼성전자가 글로벌 기업으로 성장한 이유를 보여주는 지표다. 풍성히 거두려면 영근 씨앗들을 넉넉히 뿌려야 한다. 심지 않고 거두려는 게 요행심리다.

개인도 R&D를 해야만 원하는 목표에 다가갈 수 있다. 기업의 연구개발은 개인의 자기계발과 일직선으로 연결된다. 미국의 경영사상가 필립 코틀러는 "세상에는 세 종류의 사람이 있다. 일을 꾸미는 사람, 일이 벌어지는 것을 지켜보는 사람 그리고 무슨 일이 있었나 의아해하는 사람이다."라고 했다. 성공으로 가는 길, 목표에 이르는 길은 일을 꾸미는 사람들이 걷는 길이다. 벌어지는 일을 지켜만 보고, 심지어 무슨 일이 벌어지는지 의아해 하는 사람들은 결코 성공에 이르지 못한다. 성장과 발전의 최대 적은 게으름이다. 나태는 성공을 가로막는 최악의 장애물이다. 성공한 CEO들은 하나같이 게으름과 나태를 이겨냈다. 규칙적으로 책을 읽고, 생각을 키우고, 자기계발에 시간을 쏟았다. 세상에 거저 주어지는 것은 없다. 행운도 노력의 주위를 서성인다.

테슬라 CEO 일론 머스크는 천재이자 괴짜다. 늘 뉴스를 몰고 다닌다. 그의 말 한마디에 세계 주가가 출렁댄다. 그는 "어떻게 로켓 만드는 법을 배웠는가?"라는 질문에 "책에서 읽었다."고 대답했다. 책에는 참으로 많은 것이 들어있다. 실존주의 철학자 사르트르는 "내가 새로운 세상을 알게 되었으니 그건 책에 의해서였다."고 고백했다. 어쩌면 머스크의 천재성과 괴짜성은 모두 책에서 나왔는지도 모른다. CEO의 최고 자질은 방향 설정이다. 어디로 갈지를 정하는 일은 CEO에게 주어진 막중한 책무다. 갈림길에서는 지혜와 지식, 통찰, 직관을 총동원해야 한다. 그중 하나라도 부족하면 방향을 잃는다. CEO에게든, 일반 개인에게든 책은 방향을 일러주는 나침반이다. 어두운 밤에도 책을 품고 걸으면 길을 쉽게 잃지 않는다. 그러니 책은 최고의 자기계발서이다.

2014년 아지랑이 올라오는 봄 문턱에, 후배가 회사 사무실로 찾아와

'경영지도사'에 도전해보라던 권유가 내게는 인생 2막의 결정적 계기가 되었다. 비록 당시 50대 중반을 넘었지만 '나이는 숫자에 불과하다'는 생각으로 새로운 도전을 시작했다. 도전은 두려움과 설렘을 데리고 다닌다지만 두려움은 버리고 설렘만을 품고 가기로 했다. 바로 결심을 굳히고 수소문 끝에 혜화동에 있는 경영지도사 전문 학원에 등록해 재무 관리 분야 공부를 시작했다. 주경야독으로 1차 시험을 합격한 뒤에는 여름 휴가 기간까지 독서실에서 지내면서 공부했지만 그해 10월 발표된 최종 결과는 불합격이었다. 불합격을 확인한 순간, 학원에서 회계학을 강의하셨던 가톨릭대학 김종일 교수님 말씀이 머리를 스쳐갔다.

"모름지기 시험은 시험답게 공부해라. 세상에 절대 공짜가 없다. 특히 경영지도사는 응시자들이 점점 늘고 있고 활용도가 아주 높은 매력적인 국가 자격증이니 고시 공부라 생각하고 철저히 준비해라."

나는 깊이 반성했다.

'시험답게 공부하지 않았고 노력에 2%가 부족했구나. 철저한 이해보다 점수만 따려는 요령 위주로 공부했구나. 지금까지 살아온 인생에 스스로 오점을 남겨서는 절대 안 되겠다. 기다려라, 2015년아!'

새해가 밝자마자 교대역에 있는 경영지도사 전문 학원에 2차 시험 합격을 위한 재무 관리 종합반 4개월 코스에 등록해 매주 일요일에는 만사를 제치고 종일 학원 강의를 들었다. 주중에는 학원에서 배운 내용을 철저히 복습하고, 5월부터 2차 시험을 보는 8월 중순까지는 회사 퇴근 후 집 앞에 있는 독서실에서 새벽 1시까지 공부했다. 독서실에 갈 때는 휴대전화를 아예 집에 두었고, 개인적인 저녁 모임은 물론 그 좋아하던 주말

등산도 모두 중단했다. 여름 휴가는 독서실에서 책과 씨름하며 보냈다. 특히 회계학, 세법, 재무 관리 등 3개 시험과목을 주관식으로 치러야 하기 때문에 책의 모든 내용을 영화 필름처럼 머릿속에 담아야 했다. 삶에서 가장 독기를 품은 몇 달이었다. 생각은 오직 하나뿐이었다. 2015년에는 경영지도사를 반드시 끝장내자.

운명의 날은 다가왔다. 무더위가 한창인 8월 드디어 경영지도사 2차 시험을 치렀다. 10장의 백지, 펜, 90분이 시험의 전부였다. 이런 걸 무아지경이라고 하나. 논술해 나가는 동안 일절 잡념 없이 집중했다. 하루가 지났는지, 한 시간이 지났는지 시간 흐름에 대한 감각도 없었다. 오직 하나, 자신과의 처절한 싸움뿐이었다. 필기하는 손은 몸에 자동으로 매달린 기계라고나 할까. 손에는 아무런 감각이 없었지만, 머리는 마치 소프트웨어 프로그램처럼 쉴 틈 없이 작동했다. 써 내려가는 손바닥에 땀이 올라와 종이가 끈적거렸다. 내 평생 가장 짜릿하고 숨 막히는 90분이었다.

재수의 아픔에 독기를 품고 칼을 간 인고(忍苦)의 세월이었다. 고진감래(苦盡甘來)는 허튼 말이 아니었다. 마침내 10월 7일, 경영지도사 시험에 최종 합격했다. 50대 후반의 적지 않은 나이였지만, 나이를 잊고 도전하고 이뤄낸 자신이 무척 자랑스럽고 대견했다. 무엇이든 할 수 있다는 자신감도 샘물처럼 솟아났다. 가족들의 축하도 가슴에 오래 남았다. 돌이켜보면 멋지고 뿌듯한 인생의 한 컷이다.

한국산업인력공단에서 실시한 '2017년도 국가 자격 취득자 수기공모전'에 응모하여 국가 전문 자격 분야 동상을 차지했다. 이 수기에서 경영지도사 합격의 성공 요인 다섯 가지 팁을 정리해 주경야독으로 꿈을 키우는 이들에게 참고가 되도록 했다.

1 인생 설계서를 만들고 자신의 가치관을 정립하라: 살아온 길을 되돌아보고 가치 있는 일이 무엇인지 찾아봐라. 자신의 재능을 의미 있는 곳에 써라. 용기 있게 길을 걸어라.

2 '긍정의 힘'을 자신의 에너지 자원으로 활용하라: 공부하는 목적과 이유를 분명히 세워라. 자문자답으로 긍정의 힘을 끌어내고 스스로 동기 부여해라. 동기가 분명해야 도전이 지치지 않는다.

3 시스템이 잘 갖추어진 학원과 실력 있는 선생님을 만나라: 인생은 누구를 만나느냐에 달려 있다. 좋은 멘토는 절반 이상의 성공을 보장한다. 급하다고 아무 곳이나 등록하지 말고 시간을 내서라도 잘 살펴봐라.

4 시험공부에만 집중하라: 본업에 집중, 집중, 또 집중해라. 집중할수록 준비 기간은 짧아진다. 수험생에게 본업은 시험 준비다. 모임이 많으면 리듬이 깨지고, 리듬이 깨지면 시험을 망친다. 공부할 때는 휴대폰을 멀리 둬라.

5 학습계획을 구체적으로 세우고, 자투리 시간을 충분히 활용하라: 학습 계획을 치밀하게 세우고 실천도 치밀하게 해라. 자투리 시간의 활용이 당락을 좌우한다.

야구선수 박찬호는 "모든 일 중에 가장 어려운 것은 꾸준함이다."라고 이야기했다. 세상에 시작하는 사람은 많지만 끝을 밟는 사람은 극히 일부에 불과하다. 꾸준함이 부족한 탓이다. 작심삼일은 누구나 할 수 있다. 하지만 인생에 작심삼일로 이뤄지는 일은 극소수다. 게으름을 이기고 간절함을 품고 지속해서 걸어야 꿈에 닿는다.

미국 경영학자인 피터 드러커는 "인생 후반부를 위해 취미에 머무르지 않는 제2의 관심 분야를 개발하라."고 했다. 자기계발이 성공의 보증수표는 아니지만 새로운 문을 여는 손잡이라는 사실은 분명하다. 나는 나이에 안주하려는 마음이 생길 때마다 경영지도사 시험 준비 시절을 떠올리며 스스로를 다잡는다. 그러면 게으름과 나태가 슬그머니 꽁무니를 뺀다.

한글에 새겨진 '긍정의 힘'

요즈음 한류 열풍으로 한국어를 배우고 싶어 하는 외국인이 늘어나고 있다. 도쿄에서 종합상사 주재원으로 근무하던 시절 인연을 맺은 일본인 세무사 나가타 씨는 한국을 좋아하는 지한파다. 세법을 한글로 번역하기도 하고 한글로 편지를 쓰는 등 한국 문화와 한글에 대한 관심이 매우 컸다. 나가타 씨 부부는 한국 문화를 배우려고 직접 한국에 오기도 했다. 백문불여일견(百聞不如一見)이라고, 책으로 읽고 남의 말을 듣는 것보다 자신의 눈으로 직접 보는 게 배움에는 곱절로 효과가 있다. 그는 한국 국세청에서 세무 공무원이 업무상 일본을 방문하면 직접 한국어로 대화하면서 안내하기도 했다. 한편으로는 그의 한국어 사랑이 고맙기도 했다.

한글은 우리 민족의 독창적인 고유 문자다. 세종대왕이 창제하여 집현전 학자들이 각고 끝에 1443년에 완성하고 1446년(세종 28년) 음력 9월에 반포되었다. 창제 당시 정식 이름은 '백성을 가르치는 바른 소리'라는 뜻인 훈민정음이었으나 한문을 모르는 백성들이 쓰는 글이라는 인식 때문에 주로 '언문'으로 불렸다. 네이버 지식백과는 언문을 '한글을 속되게 이르던 말'로 풀이하고 있다.

한글은 음소 문자, 즉 낱낱의 글자가 낱말의 음을 음소의 단위까지 표기하는 문자다. 과학성 예술성 문학성이 뛰어난 문자다. 동서양을 대표하는 한자와 로마문자는 3,000년 이상이 걸려 만들어졌지만 한글은 불과 30년 만에 탄생되었다. 세상에서 유례가 없는 최단기다. 세종어제 서문과 한글의 제작 원리가 담긴 훈민정음은 국보 제70호로 지정되었으며 1997년 10월 1일 세계기록유산으로 선정되었다.

세계 언어학자들은 한글을 가장 간결하고 과학적이며 뛰어난 문자라고 평가한다. 세계의 주요 문자는 알파벳을 활용해 각 나라의 발음을 표현하는 경우가 많은데, 이는 고유의 문자나 발음을 표기하는 것이 생각보다 어렵다는 것을 방증한다. 최근에는 한글을 이용해 자국의 문자나 언어를 발음하고 쓰려는 나라까지 생기기 시작했다. 한글은 자연발생적이 아니라 세종대왕이 주도하여 창의적으로 만든 문자다. 과학적이고 합리적이어서 세계 문자 중 으뜸이다.

이러한 한글의 우수성은 크게 다섯 가지로 꼽을 수 있다.

첫째는 독창성이다. 다른 문자를 모방하거나 변형한 것이 아닌 새롭게 발명한 문자이며 어떤 발음이든 표현이 가능하기에 세계 모든 언어의 문자가 될 수 있다. 만든 목적이 분명하기에 자연발생적인 다른 문자와 달리 모든 국민이 사용한다. 둘째는 과학성이다. 발음의 원리를 글자 모양에 반영하여 쉽게 이해할 수 있도록 만들었다. 어금닛소리는 혀뿌리가 목

구멍을 막는 모양이고 혓소리는 혀가 윗잇몸에 붙는 모양이며 입술소리
는 입모양을 본떠 만들었다. 셋째는 효율성이다. 한글은 전 세계의 문자
중 유일하게 '모아쓰기'를 하는 글자이다. 이는 한글이 음소 문자이지만
쓸 때는 음절의 단위로 표기하는 것을 말한다. 모아쓰기를 하는 이유는
우리가 말소리를 들을 때 음절 문자로 듣고, 모아쓰기를 하는 것이 읽기
편하며 의미도 쉽게 파악되기 때문이다. 또한 모아쓰기는 독해의 관점에
서도 효율적이다.

넷째는 디지털 시대에 맞춤형 문자라는 점이다. 한글은 스마트폰, 자
판, 컴퓨터 키보드에 최적화된 언어이다. 입력할 수 있는 경우의 수가 제
한된 컴퓨터나 휴대폰 자판에서도 글자 입력이 쉬울 뿐 더러 정보 검색과
문자 처리에도 유리하다.

다섯째는 배움의 용이성이다. 발음기관과 비슷한 모양의 문자, 강약
에 따른 획 추가 등으로 이루어져 누구나 쉽게 배울 수 있다. 14자의 자음
과 10자의 모음으로 1만 1,172개의 글자를 만들어 쓸 수 있다. 배우는 시
간은 덜 들고 활용은 더 많이 되는 문자다.

더불어 한글에는 다양한 뜻이 새겨져 있다.

첫째, 세종대왕의 긍정 리더십이다. 한글 반포 과정에서 최만리 등의
극렬한 반대 상소가 있었지만 백성을 사랑한 세종대왕은 사대부들을 적
극 설득해 뜻을 관철시켰다. 세종대왕은 '안 된다'는 사대부들을 '된다'는
논리로 설득했다. 그 바탕에는 '애민의 리더십'이 자리하고 있다. 긍정은
부정보다 힘이 세다.

둘째, 한글의 공공성이다. 반포 초기에 왕실 여성들은 공적 편지를 한

글로 썼다. 또 세종대왕 이후의 왕들은 한문으로 된 책을 한글로 번역하는 언해 사업을 추진해 한글이 공공부문에서 두루 사용되도록 했다. 조선 최고의 법전인 경국대전을 한글로 번역한 삼강행실 홍보를 중요 정책으로 명기한 것이 대표적 사례다. 리더십은 위에서 몸소 모범을 보이는 데서 발휘된다. 리더가 확신을 품으면 조직원들도 믿음을 갖는다.

셋째, 한글 문학의 힘이다. 백미는 한글 편지다. 인간은 문학적 욕구가 있는데 한글이 이의 충족에 결정적으로 기여했다. 양반 사대부들도 부인이나 딸과 소통할 때는 한글을 많이 썼다. 지금도 조선시대 사대부가의 한글 편지들이 계속 발굴되고 있는데, 이는 한글 창제 이후 한글 문학이 빠르게 성장했음을 보여주는 고증이다.

넷째, 한글의 보편성이다. 세계에서 많은 소수 언어가 사라져 가고 있지만 한글을 배우려는 외국인 수는 갈수록 늘어나고 있다. 이는 한글이 글로벌 언어의 자격을 갖추고 있음을 뜻한다.

다섯째, 선조들의 한글 사랑이다. 신경준의 『훈민정음 도해』, 유희의 『언문지』 등은 한글의 특징과 가치를 학술적으로 조명했고, 조선 말기에는 우리말 문법에 대한 과학적인 연구가 이루어졌다. 애국지사이자 한글 학자인 건재 정인승 선생은 나라 사랑과 한글 사랑에 큰 뜻을 품고 일제 강점기 한글 말살 정책에 대항하여 한글 문법을 정리하고 한글 사전 편찬에 매진했다.

꽃은 흔들리며 핀다고 했는데, 한글도 흔들리며 활짝 피었다. 세종대왕의 애민정신이 씨를 심었고, 집현전 학자들의 노고가 싹을 틔웠고, 이를 아끼고 사랑한 백성들이 꽃을 피웠다. 그리 보면 한글에는 '긍정의 힘'

이 깊이 자리 잡고 있다.

매년 10월 9일은 한글날이다. 민족 고유의 문자를 개발한, 세계에서 몇 안 되는 나라라는 자긍심을 느끼는 날이다. 우리나라가 세계라는 무대에 우뚝 선 것은 한글이라는 단단한 바탕이 있었기에 가능하지 않았을까. 한글에 담긴 '긍정의 힘'을 내 안에 품고 세상을 더 당당히 걸어야겠다.

세상에서 가장 소중한 선물

얼마 전 안양으로 지인을 만나러 갔다. 기온이 영하 10도를 맴도는데 바람까지 불어 발을 동동 구르며 걸었다. 역 앞 길거리를 지나가다 하얀 김이 모락모락 피어오르는 찐빵 가게를 만났다. 찐빵과 찐만두는 겨울철의 대표 간식이다. 솥 찜기에서 뿜어내는 열기, 줄 서 있는 손님 머리로 이리저리 흩뿌려주는 새하얀 김, 코끝을 찡하게 하는 정감 어린 냄새에 순간 발걸음을 멈추었다. 솥 찜기 안에 있는 뜨거운 수증기와 받침대 위에 엎어진 찐빵이 마치 엄마 배 속에서 자라나는 아기처럼 탐스러웠다. 솥뚜껑을 열고 웃으며 찐빵을 담아주는 손길에서 어머니가 스친다. 기다리는 손님들의 표정에는 가족 사랑이 가득하다. 문득 옛날 찐빵의 추억이 떠오른다.

아버지 고향은 물장수들이 많고 추사 김정희가 10년간 유배 생활을 한 함경도 북청이다. 6·25 전쟁 비극의 산물일까? 아버지는 1·4 후퇴 때

정든 고향을 떠나 남한으로 내려오셔서 신학교를 나와 목회 활동을 하시다가 간호사인 어머니와 결혼하셨다. 어느 날 아버지는 비리와의 타협을 거부하고 교회를 떠나 가난을 택했다. 어린 시절 홍제동 문화촌 161번 삼화교통 버스 종점에 차고가 있었다. 아버지는 차고 한쪽 귀퉁이에 있는 허름한 판잣집 앞 리어카에서 찐빵을 팔았다. 리어카 선반 위에는 찐빵과 차를 만드는 기구들이 놓여 있었다. 나뭇가지로 얼기설기 덮인 리어카 천장 지붕 아래에는 '찐빵, 계란빵, 온차'라는 이름표를 단 천들이 바람에 이리저리 나부끼며 버스에서 내리는 행인들을 유혹(?)했다.

아버지는 새벽 5시면 어김없이 불을 켜고 밀가루를 반죽하셨다. 반죽의 노하우가 찐빵 맛을 좌우한다. 팥소를 만들 때는 팥을 계속 저어 줘야 한다. 한눈이라도 팔면 팥이 금세 눌어붙으니 신경을 곤두세워야 한다. 찐빵의 모양을 잡으려면 일일이 손으로 말아주기를 반복해야 한다. 빵을 만드시는 아버지의 능수능란한 팔과 손은 하얗게 물들여져 있었고, 옷은 하얀 눈을 맞은 것처럼 뒤범벅되기 일쑤였다. 어머니는 팥, 설탕, 소금을 섞어 팥소를 만들어 반죽 조각 안에 넣으셨다. 말없이 헌신하시는 어머니는 천사였다. 올곧고 급한 아버지 성격 때문에 삶이 팍팍했지만 어머니는 모든 것을 안으로 품으셨다.

부모님이 손수 만드신 찐빵은 혼이 담긴 예술품이었고 가족에는 한 줄기 빛이었다. 나는 커서 알았다. 오래도록 빵 만들기 작업을 하면 어깨와 손목에 견디기 힘든 통증이 온다는 것을…. 하지만 아버지는 한 번도 힘들다는 내색을 하지 않으셨다. 아버지의 손과 팔은 유달리 두꺼우셨다.

빵 장사하는 아버지의 미소

어린 나는 함경도 출신은 다 그런 줄 알았다. 찐빵, 냉차 장사, 경비 등 험한 일을 하셔서 그렇게 되었다는 것을 나이 들어 깨달았다. 왜 자식들은 부모님의 사랑을 늦게 깨닫고 후회하는 걸까. '어버이 살아계신 제 섬길 일란 다하여라 / 지나간 후면 애닯다 어찌하랴 / 평생에 고쳐 못할 일이 이뿐인가 하노라'라는 송강 정철의 시조는 꼭 나를 겨냥한 듯하다.

가난의 굴레 속에서도 가족은 행복의 동아줄이 감싸고 있었다. 아버지는 빵을 팔고 밤늦게 집으로 돌아오는 리어카에 어린 남동생을 태웠다. 여동생은 어머니 등에 업혀 가난을 잠시 잊었다. 항상 환하게 웃으며 리어카를 끄시던 아버지의 음성이 아직도 귓가에 생생하다.

"영석아! 아빠 손 꼭 잡아!"

리어카를 탄 철부지 남동생의 재롱은 가족의 하루치 피로를 말끔히 씻어주었다. 달과 별은 부자와 가난을 가리지 않았다. 달동네 집으로 향하는 우리 가족에게 초롱초롱 빛나는 별은 친구가 되어주었고, 휘영청 밝은 달은 대지의 어둠을 밝히며 우리 가족에게도 희망을 밝혀주었다. 돌이켜보면 가난했지만 가족은 참 따뜻했다. 아버지도 어머니도 가슴이 참 따뜻했다.

우연의 일치일까? 초등학교 때 내 별명은 '찐빵'이다. 얼굴이 보름달처럼 동글동글하다고 친구들이 붙여준 별명이다. 친구들이 별명을 부르며 놀려대도 개의치 않고 잘 어울려 지냈다. 찌그러진 달보다 휘영청 밝은 보름달이 좋지 않은가. 나는 매년 무더위가 시작되는 6월경이면 문화촌 버스 종점 뒤 아담한 공원에 있는 벚나무를 찾아가곤 했다. 새콤달콤한 간식 버찌가 나를 부른 것이다. 버찌는 가지마다 주렁주렁 매달리고 바닥에도 까맣게 떨어져 있었다. 버찌는 맛난 간식이었고 새까만 혓바닥을 거울에 비추어 보는 재미도 쏠쏠했다. 새콤달콤한 버찌의 추억은 아직도 새록새록하다. 세월이 흘러도 추억은 쉽게 녹슬지 않는가 보다.

집에는 별도의 공부방이 없었다. 학교 수업을 마치고 판잣집으로 돌아오면 숙제를 해야 했다. 아버지는 어디선가 나무 상자를 구해 오셔서 공원 한 귀퉁이에 갖다 놓고 공부 책상으로 쓰도록 해 주셨다. 어머니는 연필을 깎으며 내 등을 두드려주셨다. 생각해 보면 그건 사랑의 손길이자 안타까움의 표현이었다. 어린 동생들은 신기하다는 듯 숙제하는 나를 들여다보며 천진난만하게 장난을 치곤 했다. 어머니는 온 가족이 공원에서 화목하게 지내는 모습을 사진으로 담아주셨다. 공원의 그 귀퉁이에는 우리 가족의 아픔과 행복이 함께 모여 있다. "가족이 항상 화목해야 한다." 는 아버지의 말씀이 늘 귓가를 맴돈다. 불초한 자식이지만 아버지의 말씀을 새기며 살려고 나름 애를 쓴다.

환경은 불우했지만 아버지는 감성이 풍성하고 늘 긍정적이셨다. 주말에는 미소를 머금은 채 실로폰이나 피리를 연주하셨다. 지금 생각해도 판잣집 풍경치고는 너무 이채로웠다. 아버지는 아일랜드 민요인 〈아! 목동아〉를 즐겨 부르셨다. 북한에 남아 있는 가족에 대한 그리움, 남한 가족의 삶의 애환을 이 노래로 달래셨는지도 모른다. 〈아! 목동아〉는 19세기 중엽부터 아일랜드 북부의 런던데리주에서 불렸고 '당신의 가슴을 장식하는 능금 꽃이 되고 싶다'는 사랑의 노래다. 지금도 아버지의 연주와 노래를 마음으로 들으면 눈시울이 붉어진다.

'목동들의 피리 소리 산골짝마다 울려 나오고 여름은 가고 꽃은 떨어

지니 너도 가고 나도 가야지….'

애절한 노랫말에 아버지와 어머니가 실려 온다. 따뜻한 봄볕이 내리쬐는 날에는 그리움이 더 커진다. 아지랑이를 타고 아버지와 어머니가 천상에서 내려오시는 듯하다.

나의 어린 시절은 두 단어가 겹친다. 하나는 '가난'이고 또 하나는 '행복'이다. 어울리기 어려운 두 단어가 붙어 있는 것은 부모님의 사랑으로 '행복한 추억'이 내 안에 빼곡한 덕이다. 나이가 들면서 추억을 먹고 산다고 했다. 그러니 행복한 추억은 두고두고 삶에 보약이 되는 셈이다. 어린 시절 가난보다 리어카를 끌며 잡아주신 아버지의 따스한 손길이 기억에 더 뚜렷하다. 공원 한 귀퉁이 책상 주위에 옹기종기 모인 가족의 온기는 아직도 따뜻하다.

아버지는 우리 집안의 멋진 리더였다. 판잣집을 희망으로 밝히셨고, 책임에 게으르지 않으셨고, 자식들에게 화목을 심어주셨으니 그만한 리더가 어디 있겠는가. 무엇보다 이 세상에서 가장 소중한 선물인 '긍정의 힘'을 나에게 물려주셨으니. 아버지의 선물을 한아름 안고 오늘도 거친 세상을 걷는다.

매듭짓기의 고수

어머니는 뜨개질을 잘하셨다. 밤마다 은은한 불빛 아래에서 안경을 쓰고 바느질을 하셨다. 구멍 난 양말을 기우시고 실로 털모자를 만들어 주시기도 했다. 바느질을 다 마치고 그냥 실을 끊어버리면 나중에 실이 풀린다. 바느질의 고수는 매듭을 잘 짓는다. 어느 날인가 실을 잡아달라고 하셔서 양손으로 도와드린 기억이 난다. 어머니의 매듭짓기에 일조한 것이다. 어머니 뜨개질 솜씨는 수준급이어서 손가락 놀림이 마술이었다. 그 손놀림이 가슴에 아련하다. 바느질의 끝은 매듭이다.

봄에 뿌린 씨앗이 열매가 되어 농부에게 다시 돌아오기까지는 곡절도 많고 사연도 다양하다. 파종-발아-써레질-모내기-성장-수확-건조-도정 등의 지난(至難)한 과정을 거쳐서 맛난 햅쌀이 된다. 벼농사는 파종에서 건조, 저장까지 200여 일이 소요된다. 중간 과정 어느 하나라도 어긋나면 쭉정이가 되거나 쌀이라는 열매 자체를 맺지 못한다. 열매는 아름다운 조화의 산물이다. 농부는 좋은 씨앗을 고른 뒤 땀이라는 수고를 넣어야 하고 햇볕과 수분이라는 자연의 도움도 필요하며, 비바람을 견디는 씨앗 자체의 생명력도 강해야 한다. 세상사 절로 되는 것은 하나도 없다.

성경 말씀에 "심는 대로 거둔다."고 했다. 파종(播種)은 일의 시작이다. 씨를 뿌려야 싹이 트고, 싹이 자라야 꽃이 피고, 꽃이 져야 열매를 맺는다. 중요한 건 무엇을 심느냐다. 악을 심으면 악이 열매를 맺고, 선을 심으면 선이 열매를 맺는다. 그러니 농부의 종자 고르는 일이 참으로 중하다. 씨앗이 영글어야 열매도 실하다. 높은 곳에 오르려면 하나씩 계단을 밟아야한다. 하나의 계단이 곧 하나의 매듭이다. 매듭은 끝이면서 시작이다.

히말라야의 영웅 엄홍길 산악인은 경남 고성에서 태어나 1985년부터 23년간 히말라야 8,000m 16좌를 모두 완등했고, 젊은이들에게 대자연에서 배운 꿈과 희망, 용기와 도전정신을 심어주었다. 그는 저서『휴먼 리더십』에서 말하길, 평지에서는 사소하게 보이는 것도 높은 곳에서는 팀 전체를 죽음으로 몰고 갈 만큼 위험하다며 사소한 부주의 때문에 누군가의 생사가 갈린다고 했다.

캠핑 고수의 네 가지 능력으로는 목 좋은 캠핑 장소를 차지하는 센스, 텐트를 비롯한 실용적인 장비, 눈이 휘둥그레지는 요리 솜씨, 스트링 매듭법을 꼽았다. 산악인에게 네 가지 능력은 하나하나를 매듭짓는 솜씨다. 매듭 하나만 풀려도 자칫 생명을 잃는다. 가느다란 대나무가 큰 키에도 불구하고 비바람에 쓰러지지 않는 이유 역시 유연하면서도 매듭이 있기 때문이다. 속이 빈 대나무는 매듭을 지으면서 자신을 단단하게 한다. 매듭을 지으면 그 위에 새로운 줄기가 터를 잡는다. 매듭은 더 성숙해지기 위한 디딤돌이자 새로운 출발의 시작점이다.

어머니, 농부, 엄홍길 산악인, 대나무는 모두 매듭짓기의 달인이다. 인생에도 매듭이 있고, 사업에도 매듭이 있다. 흔히 인생길을 굽이진 길에 비유하는데, 그 굽이가 바로 길의 매듭이다. 종교의 의미를 빌리면 죽음도 매듭이다. 천국이나 지옥으로 가는 매듭이자, 윤회로 다른 삶을 사는 시작이다. 죽음조차 다른 삶으로 가는 매듭인 셈이다. 쇼펜하우어는 "오늘은 작은 인생"이라고 했다. 하루를 산다는 것은 작은 인생 하나를 매듭 짓는 일이다. 그러니 하루하루가 더없이 귀하다.

인생은 흔히 자전거에 비유된다. 페달을 연속해서 밟지 않으면 자전거는 넘어진다. 페달 한 바퀴가 작은 매듭 하나다. 그러니 자전거가 넘어지지 않고 길을 달리려면 무수한 매듭이 필요한 셈이다. 인생은 단거리가 아닌 장거리를 뛰는 경기다. 수시로 신발 끈을 조여 매듭을 지어야 풀어진 끈에 밟혀 넘어지지 않고 인생이라는 장거리를 완주한다.

넘어져서 평생을 주저앉으면 매듭은 거기에서 끝이다. 하지만 다시 일어서서 당당히 길을 걷는다면 넘어진 자리에 단단한 매듭 하나를 짓는 것이다. 매듭짓기에는 용기가 필요하다. 달리기에는 두 가지 뜻이 숨어 있다. 하나는 목적과 방향이다. 목수들은 '한 번 자르기 위해 두 번을 잰다'고 했다. 잰다는 건 방향을 긋는 일이다. 디자인이 먼저고 바느질은 그 다음이다. 스티븐 코비의 『성공하는 사람들의 7가지 습관』에 나오는 제2 습관은 '목표를 확립하고 행동하라'다. 방향을 결정한 뒤 그쪽으로 발길을 옮기는 게 순서다. 또 하나는 매듭짓기다. 구간마다 매듭짓기를 해야 엉뚱한 길로 빠지지 않고 목적지에 이른다. 성공을 향해 질주한 사람이 인생의 정점에서 급작스레 목적을 잃고 기울어버리는 경우가 있다. 매듭을 짓지 않고 웃자란 대나무가 비바람 한 번에 허리가 휘는 이치다.

매듭짓기는 기업이나 조직에도 그대로 적용된다. 전통적으로 기업의 존재 이유는 이윤 창출이었다. 하지만 이윤만을 좇다 보니 그림자도 짙어졌다. 독과점, 담합, 회계부정, 주가 조작 등은 이윤만을 추구하는 자본주의의 매듭이 부실함을 보여준다. 최근에는 허약한 자본주의를 건강하게 할 새로운 매듭이 생겼다. 바로 ESG 경영이다. 기업들은 이제 이윤 창출에 더해 환경적 책임(E), 사회적 책임(S), 투명한 지배구조적 책임(G)을 다해야 지속가능성을 담보할 수 있게 된 것이다. 이는 매듭을 지으면서 높이 올라 풍파에도 꺾이지 않는 기업이 되라는 사회적 주문이다. 이제는 투명하면서도 공동체에 기여하는 기업만이 살아남는 시대이다.

나는 50년 가까운 사회생활에서 세 번의 퇴직을 했다. 세 번 매듭을 짓고 세 번 다시 시작한 셈이다. 매듭을 지으면서 성장했다고 장담할 수는 없지만 매듭을 지었기에 다시 시작한 것만은 분명하다. 누구도 살아온 인생으로 되돌아갈 수는 없다. 하지만 매듭을 짓고 새로운 길을 걸어 새 목적지에 이를 수는 있다. 매듭은 힘주어 설 수 있는 성장의 튼튼한 바탕이다. 매듭 없이 웃자라면 잔바람에도 쉬이 꺾인다.

인생에도 대나무처럼 매듭이 있다. 매듭은 단지 일의 단계만이 아니다. 지적 성장, 품성, 대인 관계에도 다 나름의 매듭이 있다. 시작에 늦은 때는 없다고 했다. 맞는 말이다. 하지만 나이 60에 배우려면 20에 배우는 것보다 곱절로 힘이 드는 것 또한 사실이다. 『논어』 위정 편에는 공자가 자신의 학문 수양 과정을 회고하는 대목이 나온다.

"나는 15세에 학문에 뜻을 두었고, 30세에 학문의 기초를 세웠다. 40세가 되어서는 미혹하지 않았고, 50세에는 하늘의 명을 알았다. 60세에는 남의 말을 순순히 받아들였고, 70세에 이르러서는 마음 내키는 대로 해도 법도를 어기지 않았다."

100세 시대에 2,500년 전 성인의 말씀을 그대로 적용하는 건 무리지만, 나이에도 나름의 매듭이 있음을 보여주는 것은 분명하다. 매듭이 좋아야 시작이 좋다. 셰익스피어는 "끝이 좋으면 다 좋다."라고 했다. 좋은 영화는 마지막 장면이 인상적이고, 좋은 노래는 끝 소절이 매력적이다. 명품은 마감 처리가 깔끔하고, 좋은 술은 뒤끝이 깨끗하다. 좋은 글은 끝에서 여운을 주고, 좋은 회사는 끝까지 책임을 다한다. 좋은 인생은 황혼이 더 아름답다.

무늬는 다양한 형상의 조합이다. 삶은 단색이 아니라 아롱진 무늬다. 시작과 끝, 매듭짓기와 매듭풀기는 하나로 연결되어 있다. 시작이 좋으면 끝도 좋고, 잘 지은 매듭은 풀기도 쉽다. 구절구절 매듭을 지으며 걸어가는 게 인생이다. 엉키고 꼬여도 숨 고르며 마음을 다잡고 다시 길을 가는 게 인생이다.

혁신의 필수 조건들

예전에 무림그룹에서 감사 역할을 맡은 적이 있다. 감사에 선임되자 그룹 회장님께서 "기업 조직 문화를 과감하게 혁신 해달라."고 주문했다. 나는 곰곰이 생각했다. 감사가 경영혁신을 한다는 것이 무슨 의미일까?

이후 외부 전문 교육기관에서 감사 역량 강화 교육을 받으면서 비로소 그 의미를 알게 되었다. 종래의 감사 업무는 후속적 조치가 대부분이었다. 비리·횡령 등 부정 사고들을 적발하고 역으로 그 과정을 파악해 이에 합당한 조치를 취했다. 하지만 기업의 생산성이나 효율성을 높일 수 있도록 경영 시스템을 사전적으로 감사하는 쪽으로 방향이 전환되어야 한다는 것이다. 과거에는 감사가 경찰관이었다면 이제는 내부 경영 컨설턴트가 되어야 한다는 말이다.

국제내부감사인협회(IIA)는 감사 업무를 '한 조직의 업무 수행 가치를 증대하고 개선하기 위한 독립적이고 객관적인 검증과 컨설팅'으로 정의

하고 있다. 감사의 미션은 기업의 위험 요소와 프로세스 등을 평가하여 조직의 경영목표 달성에 도움을 주는 것이다. 사후조치도 있지만 궁극적으로 경영혁신을 통해 조직의 새로운 가치를 창출하고 기업의 성장에 기여해야 하는 것이 감사의 역할이다. 회장님은 평소에 일반적으로 제조업이 가지고 있는 경직되고 폐쇄적인 기업 문화에 대해 고민을 하셨고, 조직의 변화와 혁신으로 새로운 성장 동력을 찾아야 할 필요성을 절감했다. 감사를 맡기면서 이런 역할을 기대하신 것이다. 나는 재임 기간에 프로세스 중심, 가치 중심 감사로 경영 체질을 개선하려고 애썼고, 생산성과 효율성 제고에 나름 기여했다고 생각한다.

위대한 기업가는 하나같이 혁신가다. 스티브 잡스는 'IT 시대의 아이콘'으로 불린다. 그는 대학을 스스로 중퇴하고 1976년 컴퓨터 업체 애플을 자신의 집 차고에서 창업했다. 그는 56세의 젊은 나이에 췌장암으로 세상을 떠나기 직전까지도 밤잠을 설쳐가며 '다르게 생각하라(Think Different)'고 했다. "좋은 예술가는 모방하고 위대한 예술가는 훔친다. 해군이 되느니 해적이 돼라."는 그의 말은 기업가에게 혁신이 곧 생명임을 역설한다. 위대한 기업가는 혁신을 주저하지 않는다. 고이면 썩는다는 것을 잘 알기 때문이다.

미국의 경영학자 짐 콜린스는 『위대한 기업은 다 어디로 갔을까』에서 기업의 몰락을 '자만-욕심-위기 가능성 부인-구원자 찾기-유명무실'의 5단계로 나눠 설명한다. 그에 따르면 기업의 몰락은 '성공으로부터 생기는 자만'에서 시작된다. 자만은 혁신의 적이다. 더 이상 올라갈 곳이 없다고 자만하면 남은 건 추락뿐이다. 노키아는 한때 휴대전화 시장의 절대지

존이었다. 애플의 아이폰이 등장했지만 노키아 최고경영자 올리 페카 칼라스부오는 "조크(Joke) 같은 제품이다. 시장에서 먹히지 않을 것이다. 우리가 정한 것이 표준이다."라고 호언장담했다. 그 자만의 대가가 얼마나 혹독한지는 우리 모두가 지켜보았다.

물은 위에서 아래로 흐른다. 혁신도 위에서 아래로 내려온다. 기업가가 혁신을 두려워하면 직원들은 혁신을 외면한다. '졸면 죽는다'는 말은 IT 시대에 농담이 아닌 현실이다. 기술을 선도한 기업이라 할지라도 혁신에 뒤처지는 순간 순위가 밀린다. 한때 화려했던 소니의 추락도 기존 기술에 안주하여 혁신에는 태만했던 탓이다. 혁신은 다양한 요소들이 시너지를 낼 때 속도가 붙는다. 시대의 흐름을 꿰는 경영자, 인재, 창의와 도전 정신 등이 어우러져야 한다. 하지만 출발은 경영자의 마인드다. 위에서 고인 물은 절대로 아래로 내려오지 않는다.

아래는 위를 보고 배운다. 책임 전가는 혁신에 암 덩어리와 같다. '잘한 것은 내 덕, 못한 것은 네 탓'이라는 풍토에서는 혁신이 싹을 틔우지 못한다. 오래전의 일이다. 일본 신문협회 차기 회장으로 내정되었던 일본 유력 일간지인 《아사히신문(朝日新聞)》 사장이 이사회에 사표를 제출하고 물러났다. 직원이 저지른 작은 잘못 때문이었다. 신문에 실린 한 장의 컬러 사진이 발단이었다. 사진에는 오키나와 바다 밑에서 자생하는 산호에 누군가가 'KY'라는 낙서를 해놓은 흉한 모습이 담겨 있었다. 아사히신문은 고발 기사와 사진을 올리면서 "KY는 누구이며 누가 이런 몰지각한 짓을 했는가?"라고 꾸짖었다. 그런데 알고 보니 낙서의 주인공은 바로 그 《아사히신문》 사진기자였다. 현장 안내를 맡았던 잠수부의 증언으로 자작극이 들통난 것이다. 신문사는 해당 사진기자를 해고하고 관련 국장과 부장을 징계했다. 조치를 마무리한 사장은 모든 책임을 지고 자리에서 물러났다. 부하가 저지른 실수나 잘못을 조직의 수장이 책임지는 모습은 일본의 일반적인 관행이다. 이는 작은 섬나라 일본이 어떻게 세계적인 경제 강대국이 되었는지를 잘 설명한다. 위에서부터 책임지는 조직 문화에는 혁신의 DNA가 도도히 흐르고 있다.

경제학자 슘페터의 '창조적 파괴'는 기업가 정신과 맞물린다. 파괴는 혁신의 뒷면이다. 파괴를 두려워하는 기업가는 결코 혁신을 이루지 못한다. '이 정도면 됐다'는 생각이 창조적 파괴를 가로막는다. 피터 드러커는 "기업가 정신을 실천하는 국가는 단연 한국이 1등이었다."라고 했고, 홀로몬 MIT 교수는 "한국은 내가 방문한 국가 중 모험가적 성향이 가장 큰 나라였다."라고 했다. 흔히 회자되는 고(故) 정주영 회장의 "어이, 해봤어?"라는 짧은 말에는 도전과 혁신 그리고 열정이 고스란히 담겼다. 알을 깨야 새로운 세상을 본다. 깨는 것이 두려워 안에만 있으면 결국 어둠 속에서 질식사한다.

고(故) 이건희 회장은 "나부터 변하자. 처자식 빼고 다 바꿔보자. 변화는 자율이다. 쉬운 것부터 철저히 변하자. 올바르게 변하자. 기본을 중시하고 잘못된 것은 서로가 비판을 아끼지 말자."라고 했다. 삼성이 글로벌 기업으로 우뚝 선 것은 '적당히'에 안주하지 않고 끝없이 변화와 혁신을 꾀했기 때문이다. 원인과 결과는 동전의 앞뒤다. 1등은 1등의 이유가 있고, 꼴찌는 꼴찌의 이유가 있다. 그러니 내가 남보다 뒤처지면 그 원인을 나에게서 찾아야 한다.

혁신의 방향은 위에서 아래로가 맞다. 하지만 물은 한 군데만 막혀도 흐름이 멈춘다. 혁신은 위에서 시작되지만 중간이나 아래 역시 혁신적 마인드가 중요하다. 조직원 각자가 적당함에 안주하지 않고 혁신을 꾀하는 조직은 날로 번성해 글로벌 리더가 된다. 오만과 편견은 혁신의 발목을 잡는다. 오만은 '내가 최고'라는 거만한 생각이고, 편견은 작은 상자 안에 갇힌 편협한 생각이다.

『장자』에는 노자와 공자가 만난 이야기가 나온다. 노자를 만나고 돌아온 공자에게 제자들이 물었다.

"스승님, 스승님이 만난 노자는 어떤 분이었습니까?"

공자가 환히 웃으며 답했다.

"그분은 병 안에 갇힌 초파리에게 뚜껑을 열어주신 분이네."

장자가 도가(道家)의 원조인 노자를 치켜세우려고 지어낸 이야기인 듯하지만 내게는 공자가 왜 성인인지를 역설적으로 들려주는 얘기로 다가왔다. 철학을 '병 안에 갇힌 초파리에게 병뚜껑을 열어주는 것'으로 비유하는 것도, 철학이 궁극적으로 편견을 깨는 학문이기 때문이다.

'오픈 마인드'는 혁신의 필수 조건이다. 오픈 마인드는 이미 알고 있는 것이 앎의 전부가 아님을 흔쾌히 수용하는 마음이다. 오픈 마인드는 어린이의 마음이다. 대상이나 의견을 편견 없이 대하는 열린 마음이다. 자기의 거울에 비추지 않고 '있는 그대로' 받아들이는 마음이다. 니체는 인간의 정신을 낙타의 정신, 사자의 정신, 어린아이의 정신으로 분류하고 어린아이의 정신을 가장 높은 자리에 놓았다. 편견의 틀을 깨면 드넓은 세상이 보인다.

줄탁동시(啐啄同時)라는 말이 있다. 병아리가 알에서 깨어나기 위해서는 어미 닭이 밖에서 쪼고 동시에 병아리가 안에서 쪼아야 한다는 뜻이다. 병아리의 쪼임이 변화의 몸부림이라면 어미의 쪼임은 혁신의 신호탄이다. 이 둘이 만나 병아리가 알에서 세상으로 나오는 것이다. 뚜껑 하나만 열면 어둠이 환한 빛이 된다.

작은 용기의 나비효과

2015년 알록달록 단풍이 물들어가는 가을 길목이었다. 아침에 경제 신문 기사를 훑어보다가 한국생산성본부에서 외부 전문 강사를 공개 모집한다는 광고 기사에 시선이 멈추었다. 본능적인 끌림이었다. 누군가 "필연은 우연의 옷을 입고 나타난다."라고 하지 않았는가. 기사에는 모집 분야, 응모자격, 전형방법, 제출서류, 접수방법 등이 상세히 나와 있었다. 처음에는 부정적인 생각이 머리를 스쳤다. '전국에 쟁쟁한 전문가들이 수두룩할 텐데, 나에게 기회가 주어지겠나…' 그러면서도 한쪽에서는 '도전'이라는 단어가 나를 꼬드겼다. '그래, 나도 삼성에서 다양한 현장 경험을 쌓았고, 경영지도사 국가 자격도 보유하고 있고, 더구나 어릴 적 꿈이 교육 아니었나.'

긍정과 부정의 싸움에서 긍정이 부정을 눌렀다. 누구나 내면에는 긍정과 부정, 이 둘이 함께 살고 있다. 어느 쪽에 먹이를 주느냐에 따라 긍정이 부정을 이기기도 하고 부정이 긍정을 꺾기도 한다. 긍정과 부정 사이에는 마음이 있다. 종일 출렁대는 것이 마음이다. 그러니 하루에도 천국과 지옥을 오간다. 긍정에 먹이를 주니 '할 수 있다'는 생각이 커졌다. 어릴 적 꿈을 펼칠 수 있는 기회라는 생각에 용기를 내어 전문 강사에 지원했다. 내 삶 또 하나의 길은 그렇게 만들어졌다.

실존주의 철학자 사르트르는 "삶은 B와 D 사이의 C"라고 했다. 태어남(Birth)과 죽음(Death)에는 무수한 선택(Choice)이 놓여 있다. 삶은 선택의 연속이다. 건너지 못한 강 저편 들판이 더 푸르게 보이는 게 인간의 심리라지만, 누구나 선택이라는 디딤돌을 딛고 각자의 길을 간다. 시작은 몇 걸음 차이지만 결과는 수만 리로 멀어지는 게 또한 선택이다. '순간의 선택이 평생을 좌우한다'는 말은 결코 허언이 아니다. 가지 않은 길에는 두려움과 설렘이 숨어 있다. 두려움에 지면 입구에서 발길을 멈추지만 설렘에 용기를 내어 걸으면 새로운 길이 생긴다. 인류가 뚫린 길로만 걸었다면 아직도 어둡고 미개한 문명에서 헤매고 있을 것이다. 암흑과 같은 동굴에서 새로운 길을 만들었기에 인류의 문명이 빛처럼 밝아진 것이다.

선택은 기업에도 온전히 적용된다. 어떤 선택을 하느냐가 일류기업과 삼류기업을 가른다. 리더의 핵심 덕목은 올바른 선택으로 올바른 길을 제시하는 것이다. 전략의 문제, 시스템의 문제도 조금 거슬러 오르면 대부분 선택의 문제로 귀결된다. 모든 결과물은 결국 무수한 선택의 응집체다.

'간절히 그리면 마침내 그 꿈을 닮아 간다'고 했는데, 그 명구가 적중했다. 나는 2015년 말에 한국생산성본부 전문 강사로 선정됐다. 내로라하는 기관의 공개 모집에서 선정되었다는 사실이 더 가슴 짜릿했다. 이듬해에는 '사업 리스크와 윤리', '윤리경영과 준법 감시 실무'를 주제로 생산성본부 오픈 세미나에서 두 차례 강의를 했다. 검증대에서 강의 역량을 평가받은 셈이다. 평가가 나쁘지는 않았는지 2017년부터 2021년까지 300여 시간의 윤리경영 및 내부감사 역량 강화 교육을 했다. 현대 경영학의 구루 피터 드러커는 "지식노동자의 생산성 향상은 끊임없는 학습에서온다."라고 했다. 나도 배움에는 게으르지 않았다고 자부한다. 평생학습은 여전히 진행형이다. 에드워드 A. 말로이는 "대학 졸업장은 한 인간이완성품이라는 증명이 아니라 인생의 준비가 되었다는 표시다."라고 했다. 인간은 평생학습으로 완성품에 다가간다. 배움이 멈춘 자리는 곧 성장이 멈춘 자리다. 삶이 배움을 멈추면 모든 길이 금세 어두워진다. 배움이 곧 빛인 까닭이다.

미국 MIT 경영대학 교수인 피터 셍게는 "학습조직은 구성원들의 창출 능력을 지속적으로 성장시키고, 사고 체계를 확장시키며, 조직 전체의열정이 자유롭게 표출되도록 한다."라고 정의했다. 나는 가르치면서 동시에 많이 배웠다. 『서경(書經)』에는 은나라 고종 때 명재상 부열이 군주에게 훈고하는 이야기가 나온다.

"가르치는 것은 배움의 절반입니다(斅學半). 스스로가 실행하지 못하는 것을 가르치면 배우는 자가 듣지 아니하니, 가르치기 위해서는 스스로수양을 쌓아야 합니다. 그러니 가르친다는 것은 곧 자기가 배우는 것입니다(敎學相長)."

가르침이 곧 배움이라는 효학반(斅學半)과 교학상장(敎學相長)은 뜻이 맞닿는다. 대학과 생산성본부 등에서 강의를 하면서 많은 것을 느끼고 배웠다. 배움에 뜻만 세운다면 세상이 모두 스승이다.

2019년 여름이었다. 강의를 마치자 앞자리에 앉은 수강생 두 명이 명함을 건네면서 인사를 청했다. 효성전기의 CFO(최고재무책임자)인 여성 임원과 담당 A 과장이었다. "강의 잘 들었습니다. 연락드리겠습니다." 라는 인사를 나누고 헤어졌다. 효성전기는 부산에 소재한 자동차 모터 제조기업으로 견실한 중견기업이다. 명함을 받으면서 의례적 인사로 생각했는데, 그 다음 날 A 과장에게서 전화가 왔다. 전날 강의를 들은 CFO가 사무실에서 나를 꼭 만났으면 한단다. 그래서 사무실을 찾아갔고, 그는 구매부문 경영진단을 부탁했다. 간곡한 요청을 거절할 수 없어 한신대와 부산을 2개월가량 KTX로 바쁘게 오갔다.

2019년 11월 6일, 구매부문 경영 컨설팅에 대한 최종 발표회를 가졌다. 조직 인프라, 내부통제제도, 윤리경영, 구매 혁신 등에 대해 다양한 제안을 했다. 그 이후로 회사에 엄청난 변화와 혁신이 일어났다. 경영 컨설팅은 50년의 오랜 역사를 가진 조직 문화를 바꾸고 경영 체질을 혁신하는 계기가 되었다. 당시 효성전기는 IBK기업은행으로부터 인사관리 컨설팅을 받고 있어, 은행 측 관련 수석 컨설턴트가 발표회에 참석했다. 첫 인사를 나눈 그가 솔깃한 말을 건넸다.

"교수님, 요즘 경영 체질이 허약한 중견·중소기업들이 너무 많습니다. 변화와 혁신이 필요합니다. 그런 기업들을 교수님께 소개해드리고 싶은데 어떠신지요?"

그의 말이 나를 업(Up)시켰다. 인사 전문가인 그가 나의 경영 컨설팅

능력을 인정했다는 생각에 기분이 좋았고, 중소기업의 토양을 거름지게 바꾸는 데 일조할 수 있다는 생각에 보람을 느꼈다. 경영혁신에 작은 밀알을 심을 수 있다는 나름의 자신감도 생겼다.

경영 컨설팅을 마치고 서울로 돌아오는 KTX 안에서 문득 미국의 기상학자 로렌츠의 '나비효과'가 떠올랐다. 브라질에 있는 나비의 날갯짓이 미국 텍사스에 허리케인을 일으킬 수 있다는 게 나비효과다. 작은 변화가 폭풍우와 같은 커다란 변화를 유발한다는 이론이다. 세상의 큰일은 모두 작은 일에서 비롯된다. 미풍이 태풍이 되고, 잔물결이 집채만 한 파도가 된다. 그러니 주역은 작은 조짐, 즉 기미를 잘 살피라 한다.

나도 나비효과를 경험했다. 한국생산성본부 외부 전문 강사 공개 모집에 응모한 용기는 창공을 날기 전, 희망의 날개를 접은 작은 나비였다. 행운의 여신이 작은 용기에 미소를 지은 덕인지, 나비는 접은 날개를 펴고 날기 시작했다. 경영혁신 열망을 품은 기업 CFO와의 만남도 우연이 아닌 필연이었다. 나비의 날갯짓은 기업의 조직 문화를 생동감 있게 바꾸는 변화의 물결로 번져 나갔다. 날갯짓 하나가 바다에 파도를 일으키기 시작한 것이다. 작은 용기, 희망의 불씨, 설익은 도전, 약한 믿음은 전부 작은 날갯짓이다. 그 날갯짓이 돌고 돌아 텍사스에 허리케인을 일으킬지는 아무도 모른다. 하지만 날개를 접으면 바람 한 점 일으킬 수 없다는 것은 누구나 안다.

이제 새 희망을 품고 새로운 날갯짓으로 더 높이 훌훌 날아 보자.

3장
리더의 조건

리더는 왜(Why)부터 묻는다

오산상공회의소에서 주최하는 CEO 조찬 세미나에 참석한 적이 있다. 참석자 대부분은 오산, 평택, 화성 등에서 사업체를 경영하는 CEO였다. 같은 테이블에 앉은 CEO들이 이구동성으로 하는 말은 '구인난'이었다. 신입사원이나 경력직 인력을 채용하기도 힘들지만 어렵게 채용해도 몇 달 내에 그만둔다고 했다. 신문과 방송은 연일 청년 취업난이 심각하다고 보도하는데, 기업 측에서는 구인난을 호소하니 엇박자가 심하다 싶었다. 취업시장에도 쏠림 현상이 그만큼 심하다는 뜻일 것이다.

얼마 전 유선통신 솔루션 및 장비를 만드는 중소기업을 운영하는 후배를 만났다. 연 매출 70억 원 정도에 정규직원만 50명 안팎으로 꽤 규모가 크다. 사업하면서 가장 힘든 게 뭔지를 묻자 후배는 망설이지 않고 답했다.

"사람 문제가 가장 심각합니다. 엔지니어와 개발자들을 채용하기가 너무 힘듭니다. 수주가 늘어나도 인력 문제로 잠을 설치는 경우가 많습니다.

나이 62세인 분에게 월 1,000만 원을 주면서 PM(Project Management)을 맡겼는데 자기만의 고집이 강해 고객과의 갈등이 잦습니다. 그렇다고 다른 PM 구하기도 쉽지 않고요. 몇 년 근무한 직원도 대기업에서 월 100만 원만 더 준다고 하면 뒤도 돌아보지 않고 회사를 떠납니다. 애지중지해서 키워 놓은 양질의 프로그램 개발 인력이 대기업 IT 회사로 스카우트되면 그 공백을 어떻게 메울지 막막해집니다. 마치 중소기업이 대기업의 교육 훈련장이 아닌가 하는 생각이 듭니다."

후배는 이런 상황에서 사업을 확장하는 게 맞는지조차 헷갈린다고 했다. 직원 200여 명에 연 매출 1,400억 원 규모의 정보통신 솔루션 장비 업체를 운영하는 지인의 탄식도 비슷하다. 요즘 클라우드 사업을 키우려고 신입사원을 뽑는데 중소기업을 대기업으로 가는 '중간 정류장'쯤으로 생각하는 경우가 많아 내일이 어떨지를 장담하기 어렵다는 것이다. 돈으로 빨아대는 대기업의 인력 흡입력을 중소기업이 막을 방도가 없다는 토로다. 중소기업은 사람을 못 구해 안달이고 구직자들은 만족스러운 일자리가 없다고 한숨을 쉰다. 필요하지만 구하지 못한 중소기업의 '미충원 인원'은 10만 명을 넘는다고 한다. 중소기업의 숨통을 조이는 '일자리 미스매치'가 얼마나 심각한지를 여실히 보여주는 수치다.

우리나라는 중소기업 수가 전체 기업의 99%를 차지한다. 99% 기업은 사람이 모자라 애를 태우고, 구직자는 1%에 해당하는 대기업에 들어가지 못한다고 발을 동동 구른다. 구인난과 구직난이 동시에 심한 것은 아이러니다. 어쩌면 모두가 대학에 가는 '고학력 사회'가 빚어낸 필연적 현상이다. 우리나라는 자아를 직장과 일치시키는 현상이 유독 심하다. 결혼의 필수 조건도 직장이고, 사회적 지위를 재는 핵심 잣대 역시 직장이다. 그러니 내가 하고 싶은 일보다 사회 혹은 타인이 올려다보는 직장을 찾는다. 이건 우리 사회가 아직 '일자리 선진국'이 되지 않았다는 징표다. 남들이 선호하는 직장보다 내가 하고 싶은 일을 하는 사람이 많아야 '일자리 선진국'이 된다. 서유럽도 직장으로 사람을 판단한다. 하지만 그 정도가 우리보다 훨씬 약하다.

일자리 패러다임도 빠르게 바뀌고 있다. 이른바 '프리랜서' 노동자가 새로운 직업군으로 자리 잡았다. 프리랜서는 일종의 '일자리 유목민'이다. 소속되지 않고 원하는 일을 하다 미련 없이 다른 곳으로 떠난다. '현재를 즐기며 살자'는 욜로 현상은 프리랜서를 양산할 가능성이 크다. 로봇은 일자리의 새로운 복병이다. 인공지능(AI)으로 무장한 기계가 인간의 일자리를 호시탐탐 노린다. 인류의 대규모 고용시대는 불과 100년 남짓이다. 하지만 인공지능의 등장으로 '고용의 종언'을 고하는 신호들이 곳곳에서 감지된다.

기술은 빛과 어둠이 교차하고, 그 교점에 바로 일자리가 있다. 디지털은 동네 사진관을 몰아냈고, ATM(현금자동입출금기)은 수많은 은행 직원을 쫓아냈다. 영국의 경제학자 케인스는 "인간이 기술발달로 실업이라는 신종 질병에 걸리고 있다."라고 경고했다. 100년쯤 지난 오늘날 케인스가 지목한 기술은 '로봇'이라는 이름을 달고 인간의 일터를 하나둘 점령해가고 있다. 자동화, 인공지능, 로봇, 소프트웨어 프로그램은 인간의 일자리를 위협하는 기계의 무기들이다. 기계가 갈수록 영리해지면서 인간과 기계의 경계는 갈수록 흐릿해진다.

기업의 CEO는 이런 난관을 어떻게 극복해야 할까.

꿈은 미래의 가치가 크다. 꿈은 지금 작고 초라해도 노력하고 시간을 견디면 풍성해질 거라는 믿음이다. 군주는 바람이고 백성은 풀이라 했다. 바람이 불면 풀은 눕는다. 기업의 군주는 CEO다. CEO가 직원을 일으켜 세우기도 하고 주저앉히기도 한다. 기업이 크든 작든 CEO는 분명한 비전을 세워야 한다. 비전은 꿈이다. 오늘보다 미래의 가치가 더 큰 꿈이다.

세계적인 경영저술가 사이먼 시넥의 '골든 서클(The Golden Circle)' 이론은 일의 프로세스에 관한 것이다. 그에 따르면 원의 중심부에는 Why 가 있고, 중간에는 How, 가장자리에는 What이 있다. 일의 순서는 안에서 밖으로, 즉 Why→How→What이다. Why는 '왜' 이 일을 하는지에 대한 고민이다. 비전, 대의, 신념, 도전, 돈 등은 Why라는 질문에 답이 될 것이다. Why의 답을 찾으면 '어떻게 할 것인가?', '무엇을 할 것인가'로 실행 단계를 옮겨야 한다. 그의 골든 서클 이론이 진리는 아니다. 혹자는 What 을 How보다 앞에 둘 수도 있다. 하지만 그 시작점에 Why가 있어야 한다 는 데에는 이의를 다는 사람이 거의 없을 것이다. '왜'는 일의 비전을 세우는 일이다. 어떻게, 무엇으로 돈을 벌지에 앞서 돈은 왜 벌어야 하는지가 먼저다. 기업의 덩치는 작아도 비전이 선명하고 크면 인재가 몰린다. 꿈꾸는 자는 꿈을 알아본다.

조직의 리더는 '왜'부터 물어야 한다. 왜 이 일을 해야 하는지, 왜 이 직원을 뽑아야 하는지, 왜 조직을 축소 또는 확대해야 하는지…. '왜'가 분명하면 How도 보이고 What도 보인다.

리더는 조직의 멘토다.

오디세우스는 트로이 전쟁에 나가기 위해 가장 친한 친구인 멘토르에게 아들 텔레마쿠스를 맡긴다. 멘토르는 오디세우스가 '트로이 목마' 전술로 전쟁을 이기고 돌아오기까지 10여 년 동안 텔레마쿠스의 친구이자 스승, 상담자, 때로는 아버지의 역할을 하며 그를 훌륭한 인물로 길러낸다. 멘토는 그리스 신화에 나오는 멘토르의 이름에서 유래한다. 멘토는 지혜와 사랑으로 한 사람의 인생을 이끌어 주는 사람이다. 그러니 삶에 멘토가 있다는 것은 더 없는 축복이다. 조용민 구글 매니저는 "분석력, 커뮤니케이션, 개인 브랜딩, 리더십, 피트니스별로 3~5명의 멘토를 두고 그들을 따라가려고 노력한다."라고 했다. 나에게는 멘토가 3명 있다. 하늘나라에 계시지만 여전히 정신적 기둥인 아버지, 글과 영상으로 만나는 철학자 김형석 교수 그리고 성경 말씀이다. 조직의 리더, 기업의 CEO는 직원들의 멘토가 되어야 한다. 포근한 가슴으로, 살아온 지혜로, 날카로운 통찰로 도와주고 밀어주고 끌어주는 '도밀끌'이 되어야 한다. 큰 물고기를 담으려면 조직의 리더가 바다가 되어야 한다.

좋은 리더는 직원을 고객으로 본다.

관점의 전환, 인식의 전환이 조직을 바꾼다. 직원을 고객으로 보면 직원이 곧 왕이다. 부려야 하는 월급쟁이가 아니라 섬겨야 하는 고객이다. 마음은 마음으로 통한다. 누군가 나를 섬기면 나도 그를 섬긴다. 권위는 자신이 세우는 게 아니다. 주변에서 따르고 존중하면 권위는 절로 높아진다. 직원의 성장은 곧 조직의 성장이자 회사의 성장이다. 몇 년 전 시각장애 특수학교인 대구 광명학교 졸업생들은 3D 스캐너와 3D 프린터를 활용해 만든 특별한 졸업앨범을 받았다. 이를 기획한 선생님은 "친구들 얼굴을 만져 보며 학교생활의 추억을 되살리도록 해주고 싶었다."라고 했다. 이 역시 장애 제자를 고객으로 보는 관점의 전환이다. '무조건 회사에 충성하라'는 말은 시대착오적인 낡은 구호가 되었다.

'나를 따르라'는 장수가 있고, '네가 앞서라'는 장수가 있다면 싸움의 결과는 보지 않아도 뻔하다. 리더는 "나를 따르라."고 외치며 비전의 깃발을 들고 앞장서 뛰어야 한다. 솔선수범하는 장수에는 군사가 따른다. 따르는 군사가 늘면 무리가 대군이 된다.

신나게 춤추는 조직

아이마켓코리아는 산업자재 B2B 구매대행 서비스를 하는 전자상거래 기업이다. 국내의 대표급 산업자재 유통 서비스 업체로 증시에도 상장되어 있다. 2000년 12월 삼성전자 등 10개 회사가 출자해 IT 벤처 형태로 설립했으며 현재는 매출 3조원이 넘는 기업으로 성장하였다. 현만영 대표이사가 초대 CEO였다. 나는 삼성물산 도쿄지사에서 주재원 생활을 마치고 귀국과 동시에 2002년 2월 아이마켓코리아에 합류하여 10년간 기획과 마케팅 업무를 맡았다.

현만영 대표이사는 기업을 운영하면서 비전, 미션, 핵심가치, 핵심 역량, 행동기준 등을 명확히 설정했다. 그의 리더십은 실천에서 발휘되었다. 그는 열정의 아이콘인 'VITAL IMK!'를 단지 형식이나 구호적 슬로건에 그치지 않고 실질적인 액션을 취함으로써 조직문화를 역동적으로 바꿨다. 학습조직 운영, 백두(102) 익스프레스 프로그램, 제안제도, 인센티

브제 등은 조직에 활력을 불어넣었고 구성원을 단합시켜 매출과 이익 등 사업 실적에서 괄목할 만한 성장을 이루어 냈다. 2010년 7월 30일 코스피 상장은 그의 리더십이 증시에서 인정을 받는 순간이기도 했다.

아이마켓코리아는 설립 당시 글로벌 초일류라는 비전과 새로운 가치 창조라는 미션을 세우고 이의 달성을 위한 다양한 구체안을 수립했다. 특히 'e 시대'의 흐름을 미리 꿴 것이 주효했다. 리더는 미래를 보는 눈이 밝아야 한다. 열정적이고 도전적이며, 변화를 두려워하지 않아야 한다. 현만영 대표는 그런 리더의 자질을 두루 겸비했다.

가장 기억에 남는 것은 백두(102) 익스프레스 프로그램이다. 이는 철저하게 업무성과에 따라 점수를 부여하여 등산 인원을 선발하는 방식으로, 성과와 즐거움을 연동시키는 프로그램이다. 업무성과, 개인 활동, 아나바다(아껴 쓰고, 나눠주고, 바꿔 쓰고, 다시 쓰자는 절약 운동), 행운 등 네 가지 유형으로 포인트를 정하고, 각 유형에서 획득한 점수의 합이 102(백두)점을 기록하면 백두산에 보내 주는 것이다. 참으로 참신하고 기발한 아이디어다. 이 프로그램은 2005년부터 진행되었으며 2008년에는 102점 이상을 얻은 사람이 70여 명이었으나 경비와 근무 인력을 감안해 추첨으로 37명이 최종 선발되었다. 전 임직원을 'VITAL IMK' 슬로건 아래 하나로 뭉치게 함으로써 개인의 직장 만족도를 높이고 이를 성과 창출로 이어지게 만든 것이다.

2006년에는 240여 명 전 직원이 국토대장정을 완성하는 목표를 세웠다. 2월에는 전남 해남 땅끝마을에서 두류산을 등반하는 코스를 시작했고, 담양에서 정읍까지 20km 넘는 구간을 도보하고 죽림과 내장산도 등

반했다. 국토대장정은 계절을 따라 좋은 추억을 만들어낸다. 4월에는 벚꽃 축제, 6월에는 월악산을 등반하는 식이다. 마지막 구간인 서울에서 임진각 통일 전망대까지는 전 직원이 참여해 6개월에 걸친 대장정을 끝냈다. 이를 위해 회사는 연초에 전 직원에게 운동화 한 켤레씩을 선물했다. 국토대장정은 주말에 직원들을 동원하는 '억지춘향'식 행군이 아니었다. 매달 일정마다 40명씩 지원자를 뽑는데 지원자가 넘쳐 행복한 선발을 해야 했다. 2005년에는 한라산부터 백두산에 이르는 백두대간 등반을 실시해 직원들의 큰 호응을 얻었다. 《매일경제신문》은 2006년 3월 19일자에 이 같은 내용의 아이마켓코리아 백두 익스프레스 프로그램을 상세히 소개하기도 했다.

현 대표는 직원들의 협동심과 일체감을 증진시켜 업무 효율을 높이자는 취지에서 백두 프로그램을 기획했다. 국내 1위에 안주하지 않고 세계 전자상거래 시장의 글로벌 리더로 성장하려면 직원들의 단합이 무엇보다 필요하다고 판단한 것이다. 직원들은 백두 프로그램으로 협동심을 키움과 동시에 호연지기를 길렀고, 이는 고스란히 생산성으로 이어졌다. 현 대표는 당시 임직원들에게 "내가 그동안 직원들에게 당부만 했으니 나도 이제 직원들에게 뭔가를 해주고 싶다."라고 했다.

당시 영업담당 임원이었던 나는 3년간 진행된 백두 익스프레스 프로그램에 모두 참여했다. 제1차 백두산 종주 때에는 10시간 내내 엄청난 비바람이 몰아쳤다. 안개도 자욱하고 굵은 우박이 떨어져 거의 사투를 벌이는 지경이었다. 이러다 산에서 죽나 하는 생각도 들었지만 역경 극복이라는 소중한 체험을 얻었다. 가시덤불을 헤치고 나오면 사방이 온통 초원이라고 했다. 절벽을 기어오른 자는 평지을 걷는 발길이 날 듯이 가볍다. 반면 제3차 종주 때에는 거꾸로 백두산 날씨가 환상적이어서 백두산 천지를 속속들이 감상하면서 등정할 수 있었다. 비 오는 날이 있으면 햇살 가득한 날이 있는 게 세상이다. 돌이켜보면 백두산의 정기를 흠뻑 받아 회사가 IPO까지 하지 않았나 싶다. 백두산 등정에 참여한 37명 대원들이 탐방기를 작성하여 기념 책을 발간하기도 했다. 나도 'We see! We feel! We change!'라는 글을 남겼다.

　

- We see! We feel! We change! -

새로운 정상을 향하여! 2008년 8월 14일 새벽 5시, 백두산행을 한다는 설렘으로 잠을 설치고 일찍 눈을 떴다. 이번에는 꼭 백두산 천지를 볼 수 있을 거라는 기대감을 안고 김포공항행 버스에 몸을 실었다. 버스 안에서 3년 전 첫 백두산 등반으로 필름을 되돌려 보았다. 당시에는 백두산을 보러 간다기보다 하루종일 백두산을 감싸고 도는 폭풍우와 안개, 굵게 퍼붓는 우박과 사투를 벌였다. 눈앞은 온통 하얀 세상이었고 지금도 귀에서 우두 두둑 소리가 들리는 듯하다. 삼성그룹에 입사한 이후 한 번도 경험해 보지 못한 극한의 조직개발 훈련을 백두산에서 했다는 생각이 들었다. 하지만 그건 행운의 한 조각 선물이었고 잊을 수 없는 추억이 되었다. 그때 받은 백두산 정기와 도전의 기상 덕에 세 번째 기회가 주어진 것이 아닌가 하는 생각이 든다. 아이마켓코리아 직원들의 가슴에 이러한 불굴의 도전 정신이 내재되어 있기에 회사의 꿈이 하나씩 이루어지는 것이 아닌가.

광복절인 8월 15일 새벽 5시. 송강하 백두산 서파 캠핑 야영장에서 쌀쌀한 아침 기온을 느끼면서 하늘을 쳐다보았다. 간밤에 반짝이던 별처럼 천지가 눈앞에 아른거렸다. 세상사 '삼세번'이라고 하지 않았나. 우리 회사에서 세 번째 백두산 도전인데 이번에는 산이 우리를 감동시켜 줄 거라는 느낌이 왔다. 설렘을 안고 5호 경계비 주차장으로 이동하는데 날씨가 쾌청했다. 드디어 안개 걷힌 천지를 만나게 되는가. 가슴이 뛰었다. 1,200여 계단을 오르니 우리 앞에 펼쳐진 천지의 모습은 정말 환상적이었다. 돌아가신 아버지의 고향은 함경도 북청이었다. 생존해 계시면 모시고 와서 이 광경을 보여드리면 얼마나 기뻐하실까 하는 생각에 잠시 상념에 빠지기도 했다. 해발 2,744m로 한반도에서 제일 높은 우리 민족의 성산 백두산에 이렇게 멋진 천지가 있다니. 정말 한 폭의 동양화를 만지고 보는 듯했다.

백두산을 트레킹하면서 하늘의 낙원 속에서 산책을 즐기는 것이 아닌가 하는 착각이 들었다. 여유롭고 정감 있는 산행이었다. 백두산 닷컴의 윤 사장이 동행하면서 우리 일행이 쉴 때마다 기타를 연주하며 요들송을 들려주었다. 마치 소풍 온 초등학생처럼 마음이 들떴다. 우리 일행은 천지를 바라보면서 손에 손을 잡고 〈선구자〉를 합창하였다. 아마도 우리의 통일 염원이 저 멀리 북녘 땅, 아니 한반도에 널리 퍼져 나갔으리라. 우리 또한 백두산의 정기를 몸과 마음속 깊이 받아 회사의 무궁한 발전과 성공을 꿈꾸고 새로운 다짐을 하게 되었다. 나와 우리 아이마켓코리아인들의 피 속에는 백두산의 정기가 스며들어 있다. 백두산과 천지의 혼이 우리를 감싸고 있다. 천지의 수심이 최대

384m인 것처럼 깊은 내공을 쌓아가야 한다. 나는 백두산의 그 멋진
산행을 평생 잊지 못할 것이다. We see! We feel! We change!

리더는 조직을 춤추게 해야 한다. 직원의 사기, 생산성과 효율성은 리
더십에 따라 수치가 달라진다. 나는 그 달라지는 수치를 아이마켓코리아
현 대표를 통해 직접 목도했다. 누구나 리더라 했으니 나 역시 리더일 터
다. 칭찬은 고래를 춤추게 하고 리더는 조직을 춤추게 한다.

백두산 천지에서

2엔을 들고 나온 직업윤리

우리나라 직장인의 한 달 용돈은 얼마나 될까. 인크루트가 직장인 881 명을 대상으로 한 2022년 5월 설문조사에 따르면 평균 61만 7,000원이 다. 이는 코로나19 팬데믹 이전인 2019년 조사 때보다 5만 원 정도 적은 수치다. 물가 상승으로 구매력이 줄었음에도 용돈이 쪼그라든 건 직장인 의 호주머니 사정이 코로나 이전보다 훨씬 팍팍해졌다는 얘기다. 우리나 라 직장인의 우울한 자화상이다. 미혼자(71만 2,000원)가 기혼자(49만 8,000원)보다 평균 용돈이 30% 정도 많은 것도 눈길을 끈다. 지출 항목 은 식비-교통비·유류비-취미·문화생활비 순으로 나타났다. 응답자 10 명 중 6명은 추가 용돈을 위해 부업을 알아볼 의향이 있다고 답했다. 씁쓸 한 수치다.

이웃 국가인 한국과 일본 직장인은 처지도 비슷하다. 그달 용돈이 다 음 월급날 전에 동난다는 응답이 나란히 60% 정도다. 양국 직장인의 최대 공통 걱정도 자기 집 장만이다. 일본 주재원 근무 때 가깝게 지낸 현지인 친구는 도쿄에서 출근 거리가 두 시간 정도의 먼 곳에 집을 하나 장만했는데 매입 자금의 50% 정도를 은행에서 장기 저리로 대출받아 직장을 다니면서 평생 은행 빚을 갚고 있다고 했다. 한국 직장인과 상황이 거의 판박이다.

일본인들은 일방적으로 값비싼 음식을 사거나 분수 넘치는 선물을 하는 것을 경계한다. 상대가 그것을 갚아야 하는 마음의 빚으로 여길까 염려하기 때문이다. 상대방이 부담을 느끼지 않도록 하는 배려는 한국인보다 일본인이 한 수 위인 듯하다. 한번은 일본 지인과 식사를 마친 뒤 식비를 각자 내고 음식점을 나왔다. 거스름돈 2엔은 괜찮다 하고 문을 열고 밖으로 나왔는데 여자 종업원이 급히 따라와 허리를 굽히면서 돈을 건넸다.

"손님, 죄송합니다. 거스름돈 2엔을 받아주세요! 손님 돈을 받으면 절대 안 됩니다."

순간, 일본인의 직업윤리를 생각했다. 적은 용돈을 쪼개 쓰는 샐러리맨, 정기권을 끊어 지하철로 출퇴근하는 공무원, 끝전까지 정확하게 계산하여 건네주는 식당 종업원들…. 모두 투철한 직업의식으로 1엔의 가치를 소중히 여기는 사람들이다. 알뜰하게 쓰고 살뜰하게 저축하는 습관이 몸에 밴 민족이 일본인이다. 선진국은 거저 세워지지 않는다. 직업의식이 강하고 성실 근면한 민족이 선진국을 만든다. 일본인이 부러워하는 한국인의 장점도 많다. 한국인의 근면성은 세상 어느 민족에게도 뒤지지 않는다. 창의성과 도전의식도 월드클래스급이다. 전 세계를 강타한 한류 열풍은 이를 방증한다. 하지만 직업윤리는 일본인 쪽으로 조금 추가 기울지 않을까 하는 생각을 한다. 물론 다양하게 일본을 경험하면서 느낀 개인적 생각이다.

2017년 7월 여름 어느 날, IT 관련 코스닥 상장기업인 P기업 인사부장으로부터 임직원 윤리 교육을 해달라는 요청을 받았다. 당시 사내 구매부서에서 불미스러운 사고가 발생하여 전 임직원에 대한 직업윤리 교육의 필요성을 CEO가 절감한 것이다. 3일간에 걸쳐 임직원 95명을 대상으로 윤리경영 교육을 한 뒤 윤리의식에 대한 DIT 설문 조사를 했다. DIT(Defining Issues Test)는 가설적으로 설정된 갈등 상황 모형을 통해 도덕적 판단 능력에 관한 가상적 딜레마를 제시해 반응을 측정하고 평가한다. 조사 결과 P기업의 도덕적 수준은 32.0으로 미국 고등학생(31.8)과 비슷했다. 이는 도덕적 딜레마 발생 시 올바른 의사결정에 문제가 있음을 보여주는 수치다. 충격적인 것은 조사 대상자의 20% 정도가 부정 등의 경험이 있었다는 사실이다. 이는 기업의 윤리경영이 매우 부실함을 보여준다. 결국 구매부서의 부정 사고는 우연이 아니라 윤리의 토대가 허약한 기업에서 발생한 필연적 사고였다. 윤리가 허물어진 기업은 여기저기에서 인재(人災)가 도사리고 있다. 나는 내부통제 시스템 제도화, 윤리 행동 강령의 전 조직 내재화, 임직원에 대한 지속적인 윤리경영 교육 등을 처방책으로 제시했다.

직업윤리는 직업인으로서 마땅히 지켜야 하는 도덕적 가치관으로, 직업인의 사명감과 궤가 같다. 돈만을 좇는 직장인은 늘 마음이 돈에 있다. 돈만 좇는 마음에는 삿됨이 자리하고 삿됨은 부정한 곳을 기웃댄다. 반면 사명감을 품은 직장인은 직장과 자신의 책임을 먼저 생각한다. 자신의 권리에 목청을 높이는 사람은 대개 자신의 책무에는 침묵한다.

P기업의 평가 결과를 우리나라 기업 전체로 확대하는 것은 '확대의 오류'를 범할 가능성이 크다. 하지만 우리나라 직장인의 직업윤리에 높은 점수를 줘야 하는지에는 고개가 갸우뚱해진다. '초심으로 돌아가라 (Back to the Basic!)'는 자주 쓰고 자주 듣는 말이다. 초심은 윤리의 회복이자, 건강성의 회복이다. 출발점의 나로 돌아가는 것, 그게 초심의 회복이다. 선진국의 지표는 다양하지만 건강한 직업윤리를 결코 빼놓을 수 없다. 직업윤리는 생산성으로도 이어지고, 건전한 직장문화와도 통한다.

2015년 한국고용정보원이 기업 인사담당자 100명에게 '신입사원을 뽑을 때 어떤 역량을 중요시 하는가'를 물어본 결과 직업윤리가 첫 번째로 꼽혔다. 그다음은 도전정신-자기이해-긍정적 가치관-문제해결 능력 순이었다. 기업체 인사담당자들은 책임감, 성실성, 인내심, 솔선수범, 적극성 등 기본적인 인성과 긍정적인 태도를 중요하게 평가하고 있음을 보여준다.

직업윤리를 수학처럼 수치화하는 건 다소 무리가 있다. 하지만 아래 항목을 하나씩 체크하다 보면 자신의 직업윤리가 나름 가늠될 것이다.

1 사람과 사람 사이의 도리를 지킨다.
2 시대와 사회가 요구하는 윤리 규범을 알고 준수한다.
3 직업은 나의 삶에 의미가 크다고 생각한다.
4 업무 수행 시 개인보다 직업인의 역할을 더 중시한다.
5 목표를 달성하기 위해 성실히 최선을 다한다.

6 직장에서 정해진 시간을 준수한다.

7 이익이 되는 일보다는 옳고 유익한 일을 한다.

8 이익이 되더라도 윤리 규범에 어긋나는 일은 지적한다.

9 조직 내에서 속이거나 숨김없이 행동한다.

10 지킬 수 있는 약속만 하고 이를 지킨다.

11 내가 맡은 일을 존중하고 자부심이 있다.

12 검소한 자세를 유지하고 심신을 단련한다.

13 다른 사람의 업무를 적극적으로 도와준다.

14 자신의 이익 못지않게 국가나 기업의 이익도 중요하다고 생각한다.

15 문제가 생기면 지시 받기 전에 자율적으로 해결한다.

16 주어진 업무는 제한된 시간까지 처리한다.

17 속한 조직에서 책임을 다한다.

18 조직의 규칙과 규범에 따라 업무를 수행한다.

19 조직에서 공과 사를 구별하고 몸가짐을 단정히 한다.

20 질책보다는 칭찬이나 격려 등의 언어를 사용한다.

직업윤리는 미혹되지 않는 마음이다. 마음이 이익만을 좇으면 안이 흐려진다. 마음이 외물에 매이면 영혼에 먼지가 내려앉는다. 내가 떳떳하면 세상길을 당당히 걷는다. 주어진 일에 사명감을 얹으면 마음이 훨씬 가벼워진다. 초심을 잃고 마음이 흐려지려 하면 일본 종업원의 2엔을 떠올린다. 그 2엔이 나를 다시 초심으로 데려간다.

책임은 리더 앞에서 멈춘다

아직도 이태원 참사로 가슴이 먹먹하다. 무너져 내린 마음을 달랠 길이 없다. 꽃 한 송이를 올리며 젊은 영혼들의 영면을 기도하는 마음이다. 13만 명이나 모인 핼러윈 축제가 순간 지옥이 되었으니, 마른하늘에 날벼락은 이를 두고 하는 말이지 싶다.

참사를 접하면서 수많은 의문점이 머릿속을 맴돌았다. 우리나라에는 안전 시스템이 제대로 구축되어 있는가? 리더의 역할과 책임은 어디까지인가? 다른 나라에서도 핼러윈 축제가 열릴 텐데 왜 유독 우리나라에서 대형사고가 터졌는가? 우리나라에 비상사태를 대비한 대응 매뉴얼은 있는가? 행사 참석자들의 안전 불감증은 없었는가?

과거에도 세월호 침몰, 삼풍백화점 붕괴, 대구 지하철 가스 폭발 등 국가적인 대형 참사가 발생할 때마다 관련 당국은 국민에게 재발 방지를 약속했고, 안전 시스템 구축을 다짐했다. 그래도 참사는 여전히 반복된다.

국가는 파수꾼이다. 국민의 안전을 온전히 지켜야 하는 책무는 국가에 있다. 하지만 안전의 책무가 100% 국가에만 있는가의 질문에는 답변이 좀 망설여진다.

현상의 이면에는 여러 요인이 뒤섞여 있다. 비가 오고 눈이 내리는 데는 몇 가지 기후적 요소들이 맞아떨어져야 한다. 그러니 이태원 참사 역시 경찰의 책임이 크지만 모든 탓을 경찰에게만 돌릴 수도 없을 것이다. 길거리에서 무법 질주하는 전동 킥보드, 따르릉 소리도 없이 광속으로 옆을 휙 지나가는 자전거, 태연히 무단 횡단을 하는 사람들을 보노라면 가슴이 철렁댄다. 이건 누구의 탓으로 돌려야 하나. 서울시 설문 조사에 따르면 서울 시민 93%가 우리 사회의 안전 불감증이 심각하다고 답했다. 그 '심각'이 국가 안전 시스템의 심각만을 의미하는 것은 아닐 테다. 안전 불감증 사회는 국가의 책임이면서 시민 각자의 책임이기도 하다. 1931년 미국 보험회사 직원인 허버트 하인리히는 '1:29:300 법칙'을 내놓았다. 1명의 사망자가 나온 사고의 경우, 그전에 같은 이유로 부상자 29명이 나왔고, 잠재적 피해자들이 300명에 달했다는 것이다.

리더는 책임을 지는 자리다. 연봉의 절반쯤은 책임 값이다. 해리 트루먼 전 미국 대통령은 백악관 집무실인 오벌 오피스(Oval Office) 책상 위에 'The buck stops here!'라고 쓰여진 패를 놓아두었다. 직역하면 '책임(buck)은 여기에서 멈춘다'이니, 내가 책임을 진다는 뜻이다. 바이든 미국 대통령도 대선 후보 시절 이 문구를 소환하며 '모든 책임은 내가 진다'고 선언했다. 책임은 리더의 큰 덕목이다. 비단 리더만이 아니다. 모든 사회 구성원은 그에 합당한 책임을 져야 한다. 서구 사회는 남의 공을 빼앗고 책임을 남에게 돌리는 것을 가장 비열한 행위로 여긴다.

리더는 다층적 용어다. 피라미드처럼 층층이 쌓여 삼각형을 이루는 게 리더다. 국가의 최종 리더는 대통령이나 총리가 되지만 그 아래에도 무수한 리더가 층을 이루고 있다. 조직의 장(長)뿐만 아니라 조직의 단위별 책임자도 리더다. 좁게 보면 한 가계의 생계를 책임지는 가장도 리더다. '리더답다'는 것은 '이름값'을 하는 것이다. 그러니 리더답다는 말은 리더라는 이름값을 하는 일이다. 이태원 사태는 리더의 피라미드 조직 곳곳에 심한 균열이 있음을 보여준다.

리더는 책임의식이 있어야 한다. 책임의식의 다른 이름은 주인의식이고, 책임의식과 주인의식의 공통분모는 사명감이다. 직원에게 월급을 주는 것은 CEO라는 리더의 기본 책무다. 하지만 비전과 사명감을 직원들 가슴에 심어주는 이가 진짜 CEO다. 그러니 리더를 구별하는 잣대는 외견상 조직의 직급보다 그가 품고 있는 비전이나 사명감이다.

직원은 눈치가 빠르다. '리더'라는 완장을 찬 사람들이 주인의식이 있는지, 머슴의식에 젖어있는지 귀신처럼 알아챈다. 주인은 책임감이 있는 반면 머슴은 핑곗거리만 찾는다. 주인은 스스로 하고, 머슴은 시켜야 한다. 그 차이가 매우 크다. 2018년 대한상공회의소가 조사한 '국내 100대 기업이 선호하는 인재상'에도 주인의식이 상위를 차지했다. 팻 맥라건은 『바보들은 항상 결심만 한다』에서 나 자신이 하나의 기업이 되고 당신의 주식회사로 생각하라고 했다. 스스로를 리더라고 생각하고 주도적으로 일을 하라는 의미다.

고(故) 이건희 삼성그룹 회장은 "자기 생색만 내면서 남의 공을 가로채고 실패의 책임을 다른 데로 전가하는 이기주의적 풍토에서는 주인의식이 생겨날 수 없다. 지금 우리 사회가 여러 가지로 어려운 상황에 부닥친 것도 경제 주체들이 주인의식의 의미를 제대로 읽지 못한 데 있다."라고 했다. 중국 당나라 승려 임재(臨濟)는 "가는 곳마다 주인이 돼라. 네가 서 있는 곳이 모두 참된 자리다(隨處作主 立處皆眞)."라고 했다. 말단 직원이 사장처럼 일하면 사장이 되고, 사장이라도 말단 직원처럼 일하면 말단 직원이 된다. 주인의식이 있는 자가 곧 주인이다.

'한강의 기적'은 수많은 '주인'이 만들었다. 기업인은 기업인 의식, 직원은 직원 의식이 있었기에 기적이 이뤄진 것이다. 6·25 전쟁 이후 한국 경제 재건의 선봉에 선 기업들은 해외 기업의 우수 사례를 벤치마킹하며 경쟁력을 키웠다. 청출어람, 배우고 익히면 언젠가는 스승을 능가한다. 글로벌 무대를 누비는 한국 기업들은 청출어람의 원리를 실증적으로 보여주었다. 선진국의 안전 시스템이 우리보다 우수하다면 그 또한 벤치마킹해야 한다. 그리고 기업처럼 청출어람하여 세계 최강의 '안전한 나라'를 만들어야 한다. 그것이 국가를 이끄는 리더들의 책무다. 보신주의, 출세지향주의, 형식주의를 벗어나 주인의식을 갖고 맡은 바 소임을 다하는 것이 '리더'라는 이름값을 하는 일이다.

현자는 겪지 않고도 깨닫고 범부(凡夫)는 겪고 나서 깨닫고 어리석은 사람은 겪고도 깨닫지 못한다고 했다. 당국의 관련자들은 철저히 스스로를 반성하고 근본적인 문제점이 무엇인지부터 샅샅이 찾아내야 한다. 국가든 기업이든 진단이 정확해야 변화와 혁신을 이끌 수 있다. '네 탓'은 리더의 결정적 결격 사유다. 네 탓보다 내 탓이라는 사람이 많은 나라가 진정한 선진국이다. 공자는 애제자가 누구냐는 질문에 안회를 꼽고 "그는 화를 남에게 옮기지 않고 같은 잘못을 두 번 다시 반복하지 않는다(不遷怒 不貳過)."고 했다.

성숙은 안으로 나를 들여다보는 힘이다. 탓을 남보다 나에게서 찾는 의연함이다. 길거리에 남 탓만 즐비하면 '안전한 나라', '건강한 조직'은 요원한 꿈이다. 리더를 탓하는 직원, 직원을 탓하는 리더는 기업 쇠락을 예고하는 드라마의 한 장면이다. 책임은 책임자 앞에서 멈춰야 한다.

현지화 성공의 비법

누구나 인생의 꿈과 목표가 있다. 꿈은 엔진이다. 엔진은 에너지의 원천이다. 인생도 자동차도 엔진이 튼튼해야 당당히 길을 간다. 기업의 엔진은 비전이다. 비전이 뚜렷해야 기업이 방향을 잡고 힘차게 앞으로 달린다. 초일류 기업으로 도약하려는 비전을 품은 기업들의 해외 진출은 선택이 아닌 필수다. 대다수 기업의 해외 진출이나 해외 시장 확대는 피할 수 없는 생존전략이 되었고, 이런 전략은 현재도 진행형이다.

글로벌화로 지구촌의 장벽은 빠르게 무너져 내리고 있다. 지구촌은 커다란 하나의 시장이다. 규모가 크든 작든 국내 시장만 고집해서는 성장의 한계에 직면할뿐더러 생존 자체도 위협을 받는다. 세계화로 인한 현지화 전략을 기업들이 고민하는 이유다. 흔히 현장에 답이 있다고 한다. 해외 현지법인은 본사의 글로벌 전략과 현지 대응에 오차가 크다는 것을 자주 느낀다. 교실과 현장은 늘 약간의 거리가 있다. 물론 현지화가 성공을 담보하는 것은 아니다. 현지화의 실패로 혹독한 대가를 치른 기업들도 많다. 하지만 현지화는 기업이 가야 할 길이다.

본사 차원에서 경영의 현지화는 전략적 차원과 관리적 차원으로 나뉜다. 전략적 차원은 모회사 부가가치의 이전과 자회사로의 의사결정 권한 이양이 골자다. 관리적 차원은 현지인 고용과 경영 시스템의 이전이다. 현지화 성공의 두 가지 필수 요인은 현지 상황의 깊은 토대 위에 세워진 '올바른 전략'과 '실행력'이다. 현지화 성공의 요인은 실행력이 사업전략을 압도한다. 제아무리 훌륭한 경영전략을 수립하더라도 실행력이 뒷받침되지 않으면 사상누각이다. 본사는 조직과 시스템으로 일하지만 현지법인은 사람이 일한다. 그러하기에 사람, 즉 주재원과 현지인 인력의 열정적 추진력이 무엇보다 중요하다.

통상적으로 현지인 관리자 출신이 재무적 성과가 더 높다. 현지인 관리자는 의사결정권자로서 해외 현지법인이 처한 현지 사업 환경을 잘 이해하고 있어 효율적으로 자회사를 관리할 수 있기 때문이다. 그러나 현지인 관리자는 모회사의 가치, 목표, 역량을 자회사에 제대로 공유하고 조정하는 역할에 어려움이 있다는 단점이 있다. 특히 본국 출신의 주재원보다 도덕적 해이에 빠지고 본사의 관리 감독에서 상대적으로 멀어질 우려가 있다. 인력의 현지화를 무리하게 추진하면 통제의 역할을 하는 모회사 파견 주재원과 소통에 있어 마찰이 생기고, 이는 자칫 노동 생산성 저하로 이어진다.

프랑스에서는 혁신적인 인기를 끌었던 까르푸가 한국 시장에서는 실패한 이유도 마찬가지다. 유럽인 키에 맞춘 2.2m 높이의 매장 진열대, 유럽 소비자풍 상품 배치, 유럽형 경영방식 등은 현지화 전략의 미숙함을 보여준다. 더욱 중요한 점은 한국 진출 시작부터 프랑스 본사에서 파견된 직원들과 한국인 직원들 사이에 사사건건 마찰이 생겨 상호간 원활한 의사소통이 제대로 이루어지지 않았다는 점이다. 현지화 전략은 국내 전략보다 더 치밀해야 한다.

나는 30대 초반에 삼성물산 오사카 지사에서 관리자로 근무한 경험이 있다. 부임을 앞두고 매일 아침 근무 시작 전에 한 시간씩 공부해 사내 일본어 중급 과정을 마쳤다. 이후 삼성 연수원 일본어 강사로부터 심사를 통과하고 주재원으로 파견되었다. 부임 초기에는 시행착오도 많았다. 일본어 실력이 부족한 데다 법인의 경리와 자금 관리, 총무 업무, 본사 보고까지 팔방미인 격으로 모두 챙겨야 하니 힘에 부치기도 했다. 지사 규모가 커지고 업무량이 많아지면서, 주재원의 생산성을 높이기 위한 고민 끝에 일반 관리 업무 등 현지 채용 사원이 해도 될 일은 과감히 현지인에게 위양하기로 했다. 총무와 일반 서무, 일반 경비 출납, 기타 일반 관리 업무를 담당할 현지인 히라야마 직원을 대졸 사원 공모를 통해 채용했다. 그 직원은 두 사람 정도의 업무량을 혼자서도 효율적으로 처리해 현지인들의 본보기가 되었다. 그는 성실하고 책임감 있게 맡은 일을 깔끔하게 마무리했다. 또한 일본어에 능통한 한국 유학생을 현지인 간부로 채용해 영업 물동 전산 시스템과 결산 체계를 전산화했다. 당시 우수 현지인 간부와 사원을 선발하여 삼성종합연수원에서 1주일간 연수를 통해 동기부여하였고, 현지 사원의 삼성맨화와 상호 유대강화에 노력을 기울였다.

노력의 씨앗은 싹을 틔웠다. 법인 내 타 부서에서도 현지 직원을 잘 활용하는 문화가 확산되었고, 현지인 스스로도 주재원 이상의 몫을 담당할 수 있다는 자부심이 생겼다. 현지 채용 일본인 직원들은 현지법인에 신선한 바람을 불어넣어 업무 생산성을 높였고 주재원들은 부가가치를 창출하는 일에 더 집중할 수 있었다. 오사카에서 5년간 주재 생활하면서 어느 정도 현지인의 사고를 이해하게 되었다. 서로 마음을 터놓고 이야기할 수 있는 일본인 친구까지도 생겼다. 주재원 생활을 마치고 본사에 귀임할 즈음, 현지인 과장에게 물었다.

"처음 부임했을 때 대리였던 저와 귀임하는 지금의 과장인 저는 어떻게 달라졌다고 생각하는지요?

그가 머뭇거리지 않고 답했다.

"처음에는 왠지 사각(四角) 그릇처럼 보였는데 지금의 유 과장님은 원(圓) 그릇과 같습니다. 저는 둥근 그릇이 훨씬 좋아 보입니다."

칭찬이라는 생각에 기분이 좋았다. 돌이켜보면, 처음에는 모든 일을 본사의 방침과 규정만을 따르려 해서 관리가 유연하지 못했다. 하지만 현지법인의 특성과 일본 문화를 이해하면서 유연성이 조금씩 커졌다. 현지 직원들과 원활한 커뮤니케이션으로 생산성을 높이는 데 작은 기여라도 한 듯해 보람을 느꼈다. 또한 나라마다 고유의 경영방식이 있음을 깨달았다. 일본 주재원 생활은 로컬에 갇힌 나를 글로벌로 이끌어 주었다.

현지화 성공의 핵심은 '사람'에 있다. 단순히 주재원 비율을 줄이는, 수치 조정이라는 형식만이 강조되어서는 안 된다. 현지를 잘 이해하고 사명감이 충만한 인재가 현지법인 성공의 필요충분조건이다. 현지화 성공을 위해서는 본사에서 파견된 주재원 중심이 아니라 우수한 현지인을 최대한 채용할 필요가 있다. 그리고 현지 특성에 맞는 기업 문화와 인사제도를 구축하여 본사에서 파견된 주재원과 현지인 간의 원활한 소통이 되도록 해야 한다. 적재적소는 경영의 황금률이다. 주재원이냐 현지인이냐가 관건이 아니다. 누가 그 자리에 적합한지가 인사관리의 요체다. 기업은 적재적소, 이 네 글자로 흥하고 망한다.

켄 블랜차드는 『칭찬은 고래도 춤추게 한다』에서 '신뢰'를 고래 훈련의 핵심으로 꼽는다. 조련사와 고래 사이에 신뢰가 깨지면 고래는 조련사를 따르지 않는다. 조직원이 리더를 따르지 않는 회사는 바로 쇠락한다. 국내 전략이든 해외 전략이든 신뢰가 빠지면 만사 허사다. 현지법인은 국내법인보다 이질적 요소가 더 많다. 이는 역으로 신뢰 구축이 그만큼 더 중요하다는 얘기다. 적재적소로, 신뢰로 고래를 춤추게 해야 한다. 고래들이 신나게 춤을 추면 기업은 절로 번성한다.

오사카 근무시절

경계해야 할 숫자의 함정

"기업에는 두 가지 핵심 기능이 있다. 그것은 마케팅과 혁신이다."

현대 경영학의 아버지로 불리는 피터 드러커의 말이다. 나는 대학교에서 '창업 경영' 과목을 강의하면서 이 말을 자주 인용했다. 마케팅과 혁신은 슘페터가 주창한 기업가 정신과도 뜻이 일치한다. 혁신이 메마른 기업은 가뭄에 물고기가 죽어가듯 스르르 사라진다.

기업의 재무제표는 기업을 이끄는 두 바퀴인 마케팅과 혁신을 통해 산출한 것들의 최종 성적표다. 재무제표는 기업과 최고경영자(CEO)의 얼굴이다. CEO의 진두지휘 아래 전 임직원이 합심하여 이루어 낸 산출물이다. 경영은 예술이라 했으니 기업의 전략과 실행의 결과인 재무제표는 예술품인 것이다. 기업이 성공하기 위해서는 전략과 실행이 적절히 균형을 이뤄야 한다. 나는 기업 경영에서 전략보다 실행에 훨씬 큰 비중을 둔다. 실행은 크게 세 가지 영역, 즉 영업·투자·재무 활동에서 이루어진다.

CEO의 의사결정은 결국 숫자로 요약된다. 기업에서는 숫자가 곧 능력인 것이다. 물론 이 숫자는 정직을 전제로 한다.

우리나라의 회계 투명성에는 후진국이라는 꼬리표가 붙어 다닌다. 2022년 새해 벽두부터 오스템 임플란트 회계 담당 직원이 회사 자기자본의 100%가 넘은 2,215억 원을 빼돌린 사실이 드러나면서 증시를 큰 충격에 빠뜨렸다. 기업, 금융사, 공공기관을 가리지 않고 횡령 범죄가 꼬리를 물고 터져 나왔다. 2022년 발생한 굵직한 횡령금액만도 4,000억 원 안팎에 달한다. 주식 거래 정지, 주가 하락으로 주주들이 떠안은 손실까지 합치면 피해액은 눈덩이처럼 커진다.

악행은 허술한 틈새를 노린다. 부실한 내부 회계 관리와 미흡한 외부 감사는 횡령의 틈새다. 사후약방문식 제재도 횡령을 꼬드기는 요인이다. 정부와 기업, 회계업계 모두 횡령 방지책으로 고심하고 있지만 정작 횡령의 뿌리는 뽑히지 않고 있다. 열 경찰이 도둑 하나 잡기 어려운 게 세상 이치다. 사회 전체가 맑게 정화되어야 부정이 고개를 들지 못한다. 한강의 기적, 경제 강국, 수출 세계 6위라는 수식어가 따라다니는 한국이지만 속을 들여다보면 우울한 그림자가 어른댄다. 우리나라 기업의 회계 투명성은 글로벌 수준에 미치지 못하는 실정이다. 겉은 화려한데 속은 골병이 든 셈이다.

안팎이 다른 데는 나름 이유가 있을 것이다. 기업 오너의 잇속 챙기기, CEO나 경영진의 단기업적주의, 직원들의 적당주의가 버무려지면 회계의 투명성이 탁해진다. 단기 업적에 지나치게 매몰되면 경영 수치가 과장되고 왜곡된다. 우리나라 대부분 기업의 회계는 예전보다 훨씬 투명해졌지만 더 맑아져야 한다. 기업의 회계 투명성이 흐리다는 것은 재무제표상 기업이 창출하는 '수치적 이익'에 대한 신뢰도가 떨어진다는 이야기다. 달리 말하면 '이익의 질'이 의심받고 있다는 것이다.

꼬리를 무는 횡령 부정 사건들을 보면서 의문이 생긴다. 현재 기업들이 운영하는 내부통제제도는 단지 장식품인가? 이사회의 역할은 제대로 작동되고 있는가? 경영진의 모럴해저드는 어느 수준인가? 기업의 윤리경영은 제대로 작동되고 있는가? 최근 기업들의 화두인 ESG 경영은 그저 기업 홍보용 문구인가?

개인이든 기업이든 이익은 '나쁜 이익'과 '좋은 이익'으로 나뉜다. 정당한 노동의 대가로 받은 정당한 이익은 좋은 이익이고, 노력하지 않고 훔치는 이익은 나쁜 이익이다. 회삿돈의 횡령은 나쁜 이익의 전형이다. 이익이 노력에 비례하는 나라가 진정한 선진국이다. 기업이 거두는 이익도 나쁜 이익과 좋은 이익이 있다. 나쁜 이익은 장기적 이익을 희생하면서 얻는 단기적이고 투기적인 이익이다. 기업이 나쁜 이익을 추구하면 기업의 지속 가능성은 그만큼 짧아진다. 기업이 번 돈을 연구개발에 투자하는 것은 현재 이익을 덜 챙기더라도 기업의 영속성을 확보하려는 취지다. 좋은 이익은 단기적 이익과 장기적 이익이 조화를 이루는 이익이다. 균형경영은 '좋은 이익'을 추구하는 경영방식이다. 기업이 나쁜 이익만 추구하면 멸망으로 가는 지름길을 걷고 있는 셈이다.

호아킴 데 포사다의 『마시멜로 이야기』가 주는 교훈은 단순하다. 오늘 먹을 것을 참으며 내일의 씨앗을 심는 자가 후에 풍성히 거둔다. 인내하는 자가 성공한다. 기업도 마찬가지다. 오늘에 취해 내일을 잊으면, 내일 반드시 후회한다. 기업 경영자가 분명한 비전을 세우지 않거나, 세운 비전을 공유하지 않으면 직원들은 단기 이익에 더 혹한다. 미래가 보이지 않으면 현재에 더 집착하는 게 인지상정이다. 상여금을 마다하는 사람은 없다. 하지만 곳간을 풀어도 씨앗은 넉넉히 남겨둬야 이듬해 농사를 짓는다. 진짜 농부는 아무리 굶주려도 남겨둔 씨앗으로 밥을 짓지 않는다.

기업 재무제표는 기록의 투명성이 생명이다. 생산과 지출의 모든 수치가 실제 그대로 기록되고 주주를 비롯한 이해관계자에게 왜곡 없이 전달되어야 한다. 그래야 투자자들이 그 수치에 의심을 품지 않고 투자의 지표로 삼는다. 요즘 지배구조(Governance)가 기업 경영의 화두가 되고 있다. 지배구조가 우수하고 회계가 투명해야 기업의 미래가 보장된다. 이제는 기업도 '이익의 양'보다 '이익의 질'에 더 신경을 써야 하는 시대가 된 것이다. 이익의 질이 좋으면 소비자는 그 기업 제품을 선호하게 되고 이는 결과적으로 기업 이익이 늘어나는 선순환 구조를 만든다.

기업 재무제표에 '부실 덩어리'가 몰래 숨어 있어서는 안 된다. 그 부실 덩어리가 기업에는 바로 암이다. 드러난 병은 고치기 쉽지만 숨은 병이 오래가면 생명에도 치명적이다. 엔론은 《포춘》이 선정한 글로벌 500대 기업이었다. 그런 기업이 CEO와 경영진의 모럴 해저드로 순식간에 몰락했다. 세우기는 어려워도 눈 깜짝할 새 무너지는 게 성공이라는 금자탑이다.

맹자가 양혜왕의 초청을 받았다. 혜왕이 반갑게 맹자를 맞으며 물었다.

"대인께서 천 리를 멀다 하지 않고 이리 와 주셨으니 장차 어떻게 우리나라를 이롭게 해 주시겠습니까?"

맹자가 미간을 찌푸리며 답했다.

"왕께서는 하필 이익을 말씀하십니까(何必曰利). 인의(仁義)를 먼저 물으셔야지요."

『맹자』맨 첫 장에 나오는 이야기이다. 이제 기업도 하필왈리(何必曰利), 이익만을 먼저 묻지 말고 어떤 이익을 추구할지를 고민해야 한다. 기업에 재무제표가 있듯, 사람에게도 재무제표가 있다. 거짓이 없는 진실한 숫자는 생명력이 있다. 시대는 좋은 이익으로 승부하라고 요구한다. 기업이든 개인이든 숫자의 허상을 바로잡으라고 한다. 부당한 이익을 탐하지 말고, 욕심이 나도 내일의 씨앗은 풍성히 남겨두라 한다. 안으로부터 맑아지라 한다.

허상(虛像)이라는 장식품

    일본 식당 종업원의 고객 섬김은 전 세계 톱 수준이다. 도쿄 주재원으로 근무하며 친절하면서도 신속한 종업원의 고객 응대에 몇 번이나 감동했다. 한 손을 들어 종업원을 찾으면 금세 옆에 와 자세를 낮춘다. 종업원의 시선이 줄곧 손님 쪽으로 향해 있기에 가능한 일이다. 어쩌다 손님이 짜증이라도 내면 금방 사태 파악 후 그에 맞는 대처를 한다. 식당만이 아니다. 숍이나 백화점 등 어디를 가도 마찬가지다. 절반쯤은 교육의 결과이고 나머지 절반은 타고난 민족성의 영향이 아닌가 싶다.

    거미줄처럼 얽힌 도쿄의 크고 작은 도로에서 경찰관의 모습은 자주 눈에 띄지 않는다. 하지만 출퇴근 시간에도 차들이 뒤엉키거나 경적을 울려대지 않는다. 그들은 양보하며 가는 길이 더 빠르다는 것을 깨달은 모양이다. 후진국일수록 도로의 경적 소리가 요란하다. 서로가 '길을 비키라'고 외치면 도로는 순간 주차장이 된다. 서울의 출근길 도로에서 낯설지 않은 풍경이다. 도쿄 지하철을 이용할 때도 내리려는 사람과 타려는 사람의 신체가 접촉하는 일이 거의 없다. 그들은 순서가 습관처럼 몸에 배어 있다. 일본 문화를 한국 위에 두려는 마음은 추호도 없다. 하지만 우리가 '빨리빨리 문화'에 익숙하다면 일본은 '배려 문화'의 색채가 짙다는 점에 대해 대부분 동의할 것이다.

2011년 3월, 동북 대지진이 발생했을 때 일본인들은 '절도 있는 차분함'으로 외신의 극찬을 받았다. 남성은 여성을 도왔고, 길에 쓰레기 하나 버리지 않았다. 일본은 철저한 '매뉴얼 국가'다. 유연성은 떨어지지만 정제되고 매우 반듯한 사회다. 공직자의 청렴도 역시 높은 편이다. 정직하고 정확하고 신뢰성 있게 일을 처리한다. 옛 성현들은 신독(愼獨)을 배움의 근본으로 삼았다. 홀로 있을 때 스스로 몸가짐을 삼가는 것이 모든 일의 출발이라는 뜻이다. 경찰이 없어도 신호를 어기지 않고, 관리자가 없어도 일 처리를 속이지 않는 게 바로 신독이다.

일전에 어느 기업체로부터 요청을 받고 경영진단 컨설팅을 한 적이 있다. 기업의 내부통제제도가 잘 운용되고 있는지, 업무 프로세스는 효율적인지, 업무상 위험 요인은 없는지, 종업원의 일탈 행위는 없는지 등을 체크했다. 경영진단을 위해 새벽에 공장을 방문했는데 근무자가 경비 초소의 차량 출입문을 열어 놓은 채 안의 사무실에서 자고 있었다. 서둘러 자재 창고에 가 보니 잠금장치에 자물쇠가 풀려 있었다. 순간 '어찌 이런 일이…'라는 생각이 스쳤다. 분명 공장 경비 근무 수칙이나 자재 관리 규정이 있을 텐데, 남들이 보지 않는다고 수칙과 규정을 내팽개친 것이다. 한마디로 신독이 되지 않았다.

지켜지지 않는 수칙이나 규정은 한낱 장식품에 불과하다. 구호만 요란한 투명경영, 윤리경영도 마찬가지다. 이 시대에 부족한 것은 구호나 슬로건이 아니라, 이를 이행하는 실천이다. 공자가 말하지 않았나. "군자의 말이 어눌한 듯한 것은 앎이 적고 언변이 부족해서가 아니라 실천이 말을 따르지 못할까를 저어하기 때문"이라고. 나는 CEO에게 컨설팅 결과를 전달하면서 내부 통제제도는 장식품이 아니라고 강조했다.

오랜 기간 한국에서 근무한 어느 일본 기업 경영자로부터 "한국인은 자신도 모르는 허세가 있다."라는 말을 들은 적이 있다. 그는 또 "한국인은 관리자의 눈길을 벗어나면 일을 대충하는 경향이 있는 것 같다."라고도 했다. 한국인의 표리부동(表裏不同)을 꼬집는 것 같아 언짢았지만 딱히 반박하기도 마땅치 않았다.

조직이나 기업은 연일 경영혁신을 부르짖는다. 하지만 혁신은 슬로건만으로 달성되지 않는다. 실천의 피가 위에서 아래로 막힘없이 흘러야 건강한 조직, 건강한 회사가 된다. 비효율적이거나 시대에 뒤떨어진 제도나 시스템은 과감히 바꿔야 한다. 하지만 그보다 더 중요한 것은 변화된 시스템에 낡은 습관을 적응시키는 일이다. 입은 앞서는데 발이 따라오지 못하면 가랑이가 찢어진다. CEO는 회사라는 조직의 선봉에 서는 사람이다. 스스로 모범을 보여야 직원이 믿고 따른다. 조직의 리더는 자신에게는 엄하고 직원에게는 관대해야 한다. 춘풍추상(春風秋霜)의 처신에서 리더십이 자란다.

경영진단 컨설팅을 위해 회사를 방문하면 비전이나 목표치, 실천 방안 등을 담은 문구가 자주 눈에 띈다. 하나같이 혁신적이고 야심차다. 그런

데 내게는 그런 문구가 '허울 좋은 장식품'으로 보일 때가 많다. 포장은 화려한데 속은 초라한 선물상자 같은 느낌마저 든다. 빛나는 문구가 실질적 가치 창출로 이어지고 있는지도 의구심이 생긴다. 어느 시대나, 어디서나 구호는 늘 요란했다. 다만 실천이 부족했을 뿐이다.

조직의 리더는 '허상(虛像)의 장식품'을 '진상(眞像)의 장식품'으로 바꿔야 한다. 비전이나 목표가 구체적 실천을 통해 달성되도록 직원들을 독려하고 동기를 자극해야 한다. 모래 위의 성을 허물고 단단한 바위 위에 성을 지어야 한다. 경찰이 없어도 차선을 지키고, 감독자가 없어도 자신의 책임을 성실하게 다하는 조직 문화가 체질화되어야 한다. 성실(誠實)은 정성스럽고 참된 마음이나 태도다. 성실은 단단한 바위다. 성실 위에 세운 성은 비바람이 몰아쳐도 무너지지 않는다. 성실은 리더나 조직원 모두에게 최고의 덕목이다. 안이 허술하면 밖은 금세 무너진다. 피터 드러커는 "아무리 강하게 보이는 기업이라도 기본과 원칙을 지키지 않으면 머지않아 무너진다."라고 했다. 상대를 꺾으려면 기본기가 단단해야 한다. 기본기가 부실하면 만사 허사다.

고대 철학자 플라톤의 '동굴의 비유'는 허상을 진상으로 착각하는 인간의 어리석음을 꼬집는다. 동굴 속에 갇힌 인간은 동굴 벽에 비친 자신의 그림자들을 실체로 착각한다. 누군가 쇠사슬을 끊고 동굴 밖으로 나와 진상(이데아)을 보고 그들에게 참을 알려주려 하지만 누구도 그의 말을 믿지 않는다. '허울 좋은 장식품'만 매달아 놓고 그것을 참이라고 우기는 어리석음과 무엇이 다르겠는가. 마음이 없으면 봐도 보이지 않고 들어도 들리지 않는다고 했다. 리더는 제대로 보고 제대로 듣도록 조직원을 각성

시키는 사람이다.

인생에서 확실한 세 가지는 죽음, 세금, 변화라고 했다. 죽음과 세금은 누구도 피할 수 없지만 변화는 인간의 의지로 변화시킬 수 있다. 고인 물은 썩는다. 허상의 장식품도 오래 걸어만 두면 결국 조직이 썩는다. 허상을 진상으로 바꾸려는 지속적이고 실천적인 노력이 조직에 생기를 불어넣는다. 리더는 조직에 나풀대기만 하는 '허상(虛像)'은 없는지 꼼꼼히 살펴야 한다. 개인도 마찬가지다. 과거라는 허상에 오늘의 나를 자주 비추지는 않는지 돌아봐야 한다. 과거에 취해 현재의 발걸음이 비틀대지는 않는지도 살펴볼 일이다.

신뢰가 무너지면

회복 탄력성은 제자리로 돌아오는 힘이다. 심리학에서는 시련이나 고난을 이겨내는 '긍정의 힘'을 이르는 용어다. 이 개념은 교육계, 심리학계 등 다양한 분야에서 주목을 받았고 관련 책들도 무수히 쏟아져 나왔다. 용수철은 탄력성이 생명이다. 용수철이 탄력을 잃으면 둥글게 구부러진 쇠붙이에 불과하다.

회복 탄력성은 사람마다 다르다. 누구는 단 한 번의 좌절을 이겨내지 못하고 평생을 구부러진 쇠붙이로 살고, 누구는 열 번을 좌절해도 다시 일어선다. 단어에도 회복 탄력성이 있다. 희망, 꿈, 도전, 용기는 탄성이 좋고 좌절, 비관, 불안, 공포는 탄성이 약하다. 탄성을 한 번 잃으면 회복이 어려운 것들도 많다. 건강이 그렇고, 신뢰는 더 그렇다. 건강은 몸을 잘 추스르면 이전보다 더 건강해지기도 하지만 신뢰는 유리 같아서 한 번 금이 가면 평생 흉터가 남는다.

2022년 10월 하순경으로 기억된다. 삼성 근무 시절 같은 부서 선배인 진 사장에게서 전화가 왔다. 얼마 전 고교 친구들과 7박 8일 일정으로 태국에 가기 위해 인천공항에서 출국 수속을 밟고 있는데, 예전에 모신 회장님 부고 문자를 받고 부득이한 상황을 설명하면서 조의를 표하는 문자를 보냈단다. 그런데 한국에 들어와 확인해보니 카카오톡 문자가 전부 날아가 버려 황당하고 죄송스러웠다는 것이다. 카카오톡 먹통 사태 때문이란 것을 알았지만 예를 갖추지 못한 것 같아 마음이 내내 무겁다고 했다. 그러면서 카카오에 크게 실망했다고 목소리를 높였다.

2022년 10월 15일 오후 3시경, 판교 SK C&C 데이터센터에서 빌려 쓰는 카카오 서버(고성능 컴퓨터)의 UPS 리튬이온 배터리에서 화재가 발생했다. 이로 인해 국민 대다수가 사용하는 메신저인 카카오톡뿐만 아니라 카카오 택시, 카카오 페이, 카카오 뱅크, 카카오 지도, 멜론 등 모든 카카오 서비스가 동시다발적으로 장애를 일으켰다. 배터리 화재로 국민의 일상이 멈추는 어처구니없는 일이 발생한 것이다. 그건 일종의 '신뢰의 배신'이었다. 국민들이 믿는 도끼에 발등을 찍힌 것이다.

카카오는 '신뢰 배신'의 한 사례일 뿐이다. 카드회사나 통신회사에서 불법적으로 빼돌린 소비자 정보가 버젓이 인터넷을 타고 돌아다니고, 어느 주유소에서는 휘발유에 물을 탔다는 뉴스도 예전에 접한 듯하다. 짝퉁이 명품이라는 이름표를 달고 손님을 유혹하고, 숫자를 조작해 적자 회사를 흑자 회사로 둔갑시키는 일은 생소한 뉴스도 아니다. 기업의 책임자들이 송구하다고 국민에게 머리를 숙이는 장면은 낯익은 풍경이 된 지 오래다. 민주주의가 꽃피운 나라, IT 강국, 수출 대국, K-컬처 등의 수식어가 따라다니는 우리나라지만 신뢰에는 여기저기 금이 가 있다.

자본주의의 최고 자본은 '신뢰'다. 신용 사회의 바탕에는 신뢰가 있다. 누구나 몇 개씩 지니고 다니는 신용카드 역시 신뢰가 없으면 무용지물이다. 현재의 외상을 조만간 갚겠다는 신뢰 위에서 만들어진 것이 신용카드다. 그 믿음을 서로 지키는 게 신용 사회다. 리더십의 요체 또한 신뢰다. 조직원이 믿고 따르지 않는 리더는 무용지물이다. 상앙(商鞅)은 중국 전국시대 진나라 명재상이다. 법치주의를 바탕으로 부국강병책을 추진해 진나라가 천하를 통일하는 데 주춧돌을 놓은 인물이다. 그는 법 제정에 아주 신중했는데, 한번은 법을 만들어 놓고도 공포를 하지 않고 뜸을 들였다. 그를 신임하던 효공이 그 까닭을 묻자 상앙이 답했다.

"법을 세상에 내놓는 것이 능사가 아니라 백성이 조정을 믿고 잘 따라 주는 것이 중요합니다. 백성이 조정을 믿지 못해 법을 우습게 알면 무슨 의미가 있겠습니까. 저는 백성의 믿음을 어떻게 얻을까 그걸 고민하고 있습니다."

그가 고심 끝에 내놓은 방안이 이목지신(移木之信)이다. 그는 도성 근처에 커다란 기둥을 세우고 그 옆에 방을 붙여 "이 기둥을 북문으로 옮겨 놓는 자에게는 십 금(十 金)을 주겠노라."고 했다. 사람들의 반응은 시큰둥했다. 기둥이 무거워 보이거니와 그걸 옮긴다고 그 많은 금을 줄 것 같지 않았기 때문이다. 하지만 이튿날 상앙이 상금을 오십 금으로 올려 다시 방을 붙이니 반응이 달랐다. 혹시나 하는 마음에 사람들이 달려들어 기둥을 둘러메고 북문으로 옮겼고, 상앙은 약속대로 오십 금을 내주었다. 그런 다음 법령을 공포하자 백성들이 조정을 믿고 법을 잘 지켰다.

상앙의 고사에서 유래한 이목지신(移木之信)은 '나무를 옮기기로 한 믿음'이라는 뜻으로 약속을 지키는 신의를 이른다. 리더는 위정자다. 위정자가 약속을 지켜야 백성의 마음에 신뢰가 생긴다. 말이 가벼운 세상이다. 동쪽을 가리키며 서쪽으로 가고, 남쪽을 외치며 북쪽을 바라본다. 발이 입을 따라가지 못해 헉헉대고, 정치인들의 공약(空約)이 허공에 흩날린다.

신뢰는 비즈니스의 전부다. 깨진 신뢰 위에는 무엇도 세울 수 없다. 신뢰는 사회적 자본이면서 기업이나 개인 성공의 핵심 덕목이다. 신뢰의 토대 위에 세우지 않으면 언제 무너질지 모르는 사상누각이 되기 십상이다. 명성을 쌓기까지는 수십 년이 걸리지만 이를 허무는 데는 하루면 충분하다. 수성(守城)이 성을 빼앗는 것보다 곱절 어렵다. 신뢰는 단박에 쌓이지 않는다. 믿음이 수없이 오가야 신뢰가 굳어진다. 신뢰는 말보다 실천을 좋아한다. 실행이 빠진 허언은 신뢰에 금을 그을 뿐이다. 신뢰를 쌓으려면 말은 작게 하고 실천은 크게 해야 한다.

세상 만물은 다 존재의 이유가 있다. 기업은 이익추구를 위해 존재하고, 빛은 어둠을 밝히기 위해 존재한다. 만물은 관계 속에서 존재한다. 태산의 바위는 단단한 흙을 믿기에 바람에 흔들리지 않고 우뚝 서 있다. 기업이든 개인이든 신뢰는 성공과 번영으로 가는 귀한 디딤돌이다. 신뢰는 유리창이다. 금이 가면 흔적이 평생 남는다.

생존의 필수 조건 'ESG'

리더는 시대를 보는 눈이 밝아야 한다. 혜안(慧眼)이 있는 리더는 다가 오는 미래를 대비하고 준비한다. 마크 저커버그가 젊은 나이에 페이스북 이라는 온라인 소통 플랫폼을 만들고, 스티브 잡스가 스마트폰이라는 혁 신적 통화 수단을 만든 것도 시대를 꿰는 눈이 밝았기 때문이다. 리더가 길을 헷갈려 하면 조직원은 길을 잃는다. 리더가 곧 길인 까닭이다.

아는 만큼 보인다고 했다. 리더는 알아야 한다. 그래야 미래가 보이고 현재의 대처법이 보인다. 한비는 군주가 법(法)과 술(術), 세(勢)를 틀어쥐 고 신하를 부리면 부국강병을 이룰 수 있다고 했다. 한비가 강조한 군주 의 리더십을 현대적 리더십으로 치환하면 규율과 업무적 식견, 그를 믿고 따르는 조직원쯤 되지 않을까 싶다. 리더가 일의 프로세스를 정확히 꿰고 사람을 적재적소에 배치하여 직원들의 신뢰를 얻으면 강한 조직, 강한 기 업을 만들 수 있다.

지구촌은 과속 성장과 이에 따른 환경 파괴의 대가를 혹독히 치르고 있다. 공장과 자동차는 온실가스를 뿜어내고 빙하는 녹아내린다. 인류 재앙을 잉태한 지구온난화가 지구촌 최대 화두가 된 지 오래다. 지구 온도가 1.5도만 올라도 인류의 미래를 장담할 수 없다는 경고가 여기저기에서 들려온다. 되새김질하는 가축들이 온실가스의 주범이라는 이야기는 인간의 과오를 가축으로 돌리려는 얄팍한 잔꾀다. 코로나19의 재앙도 어쩌면 파괴당한 환경의 복수인지 모른다.

소프트웨어 아이콘에서 환경 운동가로 거듭난 빌 게이츠는 저서 『기후 재앙을 피하는 법』에서 말하기를 전 세계에서 배출하는 온실가스의 20%가 1만 년 뒤에도 대기권에 남는다면서, 지구를 지키기 위해서는 탄소 순 배출량이 0이 되는 '넷 제로(Net Zero)'를 달성해야 한다고 했다. 지구온난화 대책은 선택이 아닌 인류 생존의 필수 조건이 되었다.

인류가 대가를 치르고 있는 것은 환경만이 아니다. 인간의 탐심과 과욕이 빚은 부정과 비리도 현대인의 자화상을 더럽히고 있다. 믿음의 끈이 약해지면 불신이 그 자리를 비집고 들어온다. 믿음이 약한 조직은 '모래 위의 성'처럼 어느 순간 와르르 무너진다. 믿음을 단단히 세우는 것 또한 리더의 역할이다.

기업의 존재 이유는 이윤 창출이다. 이윤이 지속적으로 창출되어야 기업이 존속한다. 기업의 흥망성쇠는 인류의 역사만큼이나 부침이 심하다. '지속가능성'은 모든 기업이 안고 있는 절체절명의 과제다. 시대의 흐름을 앞서 알고 대처하고 준비하면 지속가능성이 그만큼 높아지지만 현실에만 안주하면 내일조차도 담보하지 못한다.

최근의 화두는 ESG다. 언론에 연일 보도되고 강의의 핵심 주제가 되고 있는 ESG는 친환경(Environmental), 사회적 책임(Social), 지배구조 투명성(Governance)의 영문 첫 글자를 조합한 것이다. 친환경적이고, 사회적 책임을 다하고, 지배구조가 투명한 기업만이 살아남는다는 뜻이다. 환경을 보호하고, 기업 내부가 투명하고, 추구하는 이익의 질이 좋아야 성장하는 기업이 되고 존경받는 기업이 된다는 것이다.

ESG는 2005년 당시 유엔 사무총장이었던 코피 아난이 제안하여 그 씨앗을 뿌렸고, 2006년에 유엔책임투자원칙(UN PRI)이 제정되면서 그 개념이 빠르게 퍼져 나갔다. 여기에 장기간 지속된 코로나19 팬데믹으로 인한 기후 위기 고조, 환경보전 필요성, 인류의 대재앙 불안감, 제2의 코로나 창궐 위기 확산 등은 ESG가 급부상하는 계기가 되었다. E(친환경)는 온실가스, 재생에너지, 친환경, 수질, 공해 관리 등으로 연결되고 S(사회적 책임)는 인권, 여성, 협력사 동반성장, 안전 관리 등으로 이어진다. G(지배구조 투명성)는 뇌물 및 부패, 이사회 운영, 로비 및 조세 등에 대한 관리가 포함된다.

ESG는 기업은 물론 국가의 미래가 걸린 화두다. 소비자들은 ESG 기준을 충족시키지 못한 기업의 제품을 외면할 것이고 수출길 또한 막힐 것이 분명하다. 기준의 수치는 빠르게 구체화되고 표준화될 것이다. 기업 ESG 수치의 총합은 결국 한 나라 ESG 지수이니, 수치를 못 맞추는 기업이 많으면 그 나라는 'ESG 후진국'이 된다. 그리고 ESG 후진국이 국제사회에 치러야 하는 대가는 혹독할 것이다. 각국 정부가 앞장서 ESG 경영을 독려하는 이유이기도 하다. 미국 바이든 정부는 '파리기후 협약'에 재가입하고, EU는 탄소 국경세를 도입했다. 우리나라 정부도 '2050년 탄소 중립'을 선언했으며 금융위원회는 2030년부터 코스피 상장사에 대해 ESG 보고서 공시를 의무화했다. ESG가 국가나 공공부문 운영은 물론 기업 경영에도 핵심 키워드가 된 것이다. 또한 ESG는 개인의 투자에도 필수적인 체크 포인트가 되었다. 구글에서 ESG를 검색하면 방대한 정보가 쏟아지는 것이 이를 방증한다.

조직의 리더는 미래를 보는 눈과 이에 대처하는 혜안을 동시에 갖춰야 한다. 예측은 했는데 대비를 못하면 예측조차 못한 것과 별반 다르지 않다. '설마'가 사람을 잡고, '나중에'가 후회를 낳는다. 초스피드 IT 시대에는 몇 걸음 늦은 출발이 천 걸음, 만 걸음으로 벌어진다. 속도의 시대에는 선점 효과도 그만큼 높아진다. 후발주자가 쫓아가려고 하면 선발주자는 기존의 플랫폼을 다시 업그레이드한다. ESG도 같은 원리가 적용될 것이다. 출발에서 뒤처지면 만회가 쉽지 않다.

새 술은 새 부대에 담으라고 했다. 이제 조직의 리더는 ESG라는 개념을 21세기 경영의 새 부대에 담아야 한다. 기업 CEO는 친환경적 이미지를 제고해 소비자들의 제품 선호도를 높이고, 사회적 기여로써 브랜드 인지도를 확산시켜야 한다. 또한 투명한 경영과 지배구조로 투자자들의 선택을 받는 기업을 만들어야 한다. ESG는 단기적으로 비용을 추가해야 하는 개념일 수도 있다. 하지만 작은 것을 아끼려다 큰 것을 잃는 것은 어리석은 일이다. ESG 평가 등급은 금융권의 대출 조건에도 직접적인 영향을 줄 것이다. 특히 자금이 취약한 중소기업의 경우 ESG 경영을 소홀히 하면 금융기관의 투자금 회수로 생존의 위기로 내몰릴 우려도 크다. 중소기업진흥공단이 2021년 6월 실시한 '중소 벤처기업 ESG 대응 동향 조사'에 의하면, 응답 기업의 58%는 ESG 경영의 필요성은 인정했지만 76.3%가 전담 조직이 없다고 답했다. ESG라는 글로벌 파도가 밀려오지만 실질적인 방어책은 세우지 못하고 있다는 얘기다.

나는 기업의 경영진단 경험이 많아서인지 ESG 중 특히 G, 즉 지배구조 투명성을 중시한다. 내부가 부실하면 E(친환경)와 S(사회적 책임)는 공염불이 되기 쉽다. 횡령, 배임, 뇌물 수수, 회계부정, 갑질, 주가조작, 정경유착 등 불미스러운 뉴스가 꼬리를 문다. 비도덕적인 사람이 리더가 되면 그 조직이 허물어지는 건 순간이다.

'넷이 알고 있다(四知)'는 말이 있다. 중국 후한 때 양진이 동래 태수로 부임하자 누군가 금 10근을 뇌물로 바치려 했다. 청렴한 양진이 당차게 거절하며 말했다.

"하늘이 알고 땅이 알고, 당신이 알고 내가 아는데 어찌 괜찮다고 할 수 있는가?"

세상에 영원한 비밀은 없다. 악은 몰래 숨어도 언젠가 드러난다. 생선은 머리부터 썩는다고 한다. 윗물이 흐리면 아랫물도 탁하다. 조직이 맑으려면 리더의 몸가짐부터 바로 서야 한다.

카나리아의 울음소리는 청아하다. 은쟁반에 옥구슬 굴리는 소리를 내는 카나리아는 일산화탄소와 메탄에 매우 민감하다. 그래서 가스 감지기가 없었던 시절의 광부들은 카나리아를 데리고 탄광에 들어갔다. 일산화탄소나 메탄가스가 누출되면 카나리아가 먼저 쓰러졌고, 광부들은 이를 보고 위험을 감지할 수 있었다. '카나리아의 경보'가 광부들의 목숨을 살린 것이다.

뉴노멀 시대다. 옛것들이 물러가고 새로운 것들이 새 표준이 되어간다. ESG는 대표적인 뉴노멀이다. 거역할 수 없는 시대의 흐름이다. ESG는 위기이자 기회다. ESG는 기업의 서열을 바꿀 게임 체인저다.

리더는 흐름을 제대로 읽어야 한다. 도도히 흐르는 물인지, 이미 흘러간 물인지를 날카롭게 꿰뚫어야 한다. ESG는 도도히 흐르기 시작한 물이다. 단단히 방비하지 않으면 거센 물에 둑이 터진다. 흐르는 물을 온전히 받아내면 바다가 된다. ESG는 시냇물을 거쳐 강으로 가고, 강을 거쳐 바다로 가는 물이다. ESG 경영을 소홀히 하면 자칫 시내에서 말라 죽는다.

데이터는 IT 시대의 나침반

"데이터는 미래 경쟁력을 좌우하는 21세기 원유다."

세계적인 정보산업 시장 예측기관인 가트너 그룹은 2011년 빅데이터를 '세계 10대 기술'로 선정하면서 그 이유를 이 한 문장으로 압축했다. 가트너의 예견은 적중했다. 데이터는 눈덩이처럼 불어나고, 그 쓰임새는 무한히 팽창하고 있다. 씨줄과 날줄로 촘촘히 얽힌 데이터는 디지털 시대의 혈액이자 정보화 시대의 원유가 되고 있다.

이른바 데이터 시대다. 데이터는 21세기 정보화 시대의 핵심이다. 데이터로 현재를 진단하고 미래를 읽는다. 데이터를 쥔 자가 시대를 앞서간다. 리더의 필수품 중 하나는 바로 데이터다. 개인이나 조직의 일거수일투족은 기록되고 저장되고 공유되고 재생산된다. 세상은 데이터의 큰 바다이고, 그 안에는 모든 게 담겨 있다. 데이터에 기반한 의사결정을 하고 데이터를 분석해 현상을 진단한다. 스마트폰, 모바일, 사물인터넷, 인공지능, 가상현실, 메타버스의 기반에는 데이터가 깔려있다.

빅데이터의 토양은 디지털이다. 디지털에 남긴 흔적은 모두 데이터가 된다. 스마트폰은 데이터 수집가다. 개인의 일상은 고스란히 스마트폰에 담기고 누군가에 의해 데이터화된다. 신용카드도 마찬가지다. 신용카드 내역은 소지자의 구매 성향이 어떤지를 낱낱이 보여준다. 모바일, 인터넷, SNS도 데이터를 양산한다. 디지털 시대에 데이터가 기하급수적으로 늘어나니 앞에 빅(Big)을 붙여 빅데이터라 부른다. 그 덩치가 얼마나 커질지는 예측불가다. 분명한 건 예상보다 훨씬 클 것이라는 점이고, 누구는 데이터의 바다에서 귀한 보물을 건져내고 누구는 데이터의 홍수에 밀려 마냥 떠내려간다는 사실이다.

빅데이터는 산업의 구조와 기업의 서열을 재편하는 신종병기다. 빅데이터 분야의 권위자 빅토르 마이어 쇤베르거는 "데이터는 기업의 핵심 자산이자 경쟁의 필수 원천이고 새로운 비즈니스 모델의 토대"라고 했다. 정부든 기업이든 개인이든 데이터를 쥐고 있어야 경쟁에서 앞설 수 있다는 말이다. 애플, 구글, 메타, 테슬라 등 초일류 기업의 공통점은 데이터라는 막강한 자원을 갖고 있다는 것이다. 고객의 니즈(Needs)가 무엇인지도 데이터가 보여준다. 기업 전략을 어떻게 세워야 할지도 데이터가 일러준다. 데이터는 생물처럼 살아 움직인다. 어제의 데이터가 자칫 낡은 지표가 될 수 있는 것이 바로 데이터다.

데이터는 프로세스에 대한 산출물인 동시에 새로운 산출을 위한 가이드가 된다. 결과물이면서 동시에 씨앗인 셈이다. 데이터는 4차 산업혁명의 토대다. 4차 산업이 자동차라면 데이터는 휘발유다. 그 차가 전기차라면 데이터는 배터리다. 차가 아무리 근사해도 휘발유나 전기가 없으면 제자리에서 꿈쩍도 못한다. 데이터는 자동차의 엔진이면서 내비게이션이다. 시동을 걸게 하고 갈 방향도 일러준다.

미국 프로야구팀 오클랜드 애슬레틱스의 실화를 바탕으로 한 영화 〈머니볼(Money ball)〉은 데이터의 위력이 얼마나 대단한지를 실증적으로 보여준다. 중소 도시인 오클랜드에 연고를 둔 애슬레틱스는 TV 중계료 등 수입이 적어 선수에 투자할 여력이 없다. 이름값은 결국 돈값인 게 프로의 세계다. 애슬레틱스는 엄청난 돈이 들어가는 이름값 위주보다 냉철한 과학적 분석(머니볼)으로 선수를 선발해 팀을 구성했다. 이름값보다 데이터의 힘을 믿은 것이다. 구단으로서는 일종의 '창의적 혁신'을 단행한 셈이다. 모험은 성공했다. 데이터는 부상, 고령, 사생활 논란 등으로 다른 구단이 외면하는 선수들을 지목했다. 이들은 몸값은 적지만 경기를 이기는 방법을 아는 선수들이었다. 오클랜드 애슬레틱스는 2002년 아메리칸 리그 역사상 최다 연승 기록인 20연승을 이루어 냈다. 애슬레틱스는 데이터를 신뢰했고, 데이터는 그 신뢰를 승리로 보답했다.

공장 생산 원료 부서에 대한 경영진단 컨설팅을 한 적이 있다. 공장은 생산성이 중요한 관리 지표인데, 당시 공장의 생산수율이 낮아 생산성 향상이 중요한 과제였다. 투입한 원재료의 양이 적정한지, 투입 원재료 중에 불합격품이 포함되어 품질에 악영향을 주지는 않는지, 원재료비 원가가 경쟁력이 있는지 등을 두루 점검했다. 진단 과정에서 원료를 실은 차량들의 공장 출입 정보, 공장 검수 부서의 검수 실태, 원재료 입·출고, 사후 관리 등 전반적인 업무 프로세스와 관련된 데이터를 모니터링하고 분석하니 낮은 생산성의 원인들이 하나둘 드러났다. 업무매뉴얼은 지켜지지 않았고, 검수 방식은 부정확했고, 원재료비는 왜곡되었다. 진단에 쓰인 이런 정도의 데이터는 빙산의 일각도 안 되는 수준이다. 빅데이터가 태산이라면 조약돌 하나도 못 되는 크기다. 하지만 빅데이터만이 데이터는 아니다. 작은 일의 진단에도 데이터는 언제나 요긴하다.

디지털 시대를 달리 표현하면 '데이터 홍수의 시대'다. 빅데이터는 흔히 '4V'로 요약된다. 방대한 양(Volume), 생성되는 엄청난 속도(Velocity), 형태의 다양성(Variety), 가치(Value)의 영문 머리글자다. 디지털 시대에는 데이터가 홍수처럼 넘쳐흐른다. 생성 속도는 초고속으로 빨라진다. 생성 속도가 빠르다는 것은 데이터의 효용 주기가 그만큼 짧아진다는 뜻이다. 데이터는 단지 숫자나 문자만이 아니다. 검색어, 이미지, 동영상, 위치 정보 등이 모두 데이터화된다. 중요한 것은 가치의 발견이다. 데이터는 그 자체만으로는 별 소용이 없다. 그 데이터가 제시하는 뜻이나 방향을 제대로 읽어낼 때 비로소 데이터의 의미가 생긴다.

디지털 시대의 리더는 데이터를 보는 안목이 있어야 한다. 데이터는 퍼즐 조각이다. 잘 맞추면 멋진 작품이 되지만 그 자체로는 낱개의 조각일 뿐이다. 데이터는 정보의 가치 고리다. 잘 연결하면 낚시로 물고기를 낚아 올리듯 다양한 가치를 건질 수 있다. 회계 부정으로 몰락한 엔론, 존재감이 희미해진 휴대폰 왕국 노키아, 실적 부진으로 고전하는 일본 전자업계에도 위험을 알리는 '데이터 경고등'이 켜졌을 것이다. 하지만 경영진은 데이터의 힘을 무시하고 확증 편향에 취한 직관으로 의사결정을 했을 가능성이 농후하다.

재무제표는 기업의 '종합 건강검진표'다. 현재를 비추는 거울이자 미래를 일러주는 나침반이다. 재무제표에는 데이터가 숨어 있고 조직 리더의 생각도 담겨 있다. 데이터 또한 건강검진표다. 숨어 있는 기회는 무엇인지, 숨어 있는 복병은 무엇인지를 데이터로 일러준다. "측정할 수 없는 것은 개선할 수 없다."는 말이 있다. 경험이나 직관보다 구체적 수치나 데이터가 더 많은 것을 말해준다. 데이터는 기록의 축적이다. 글로벌 기업들은 데이터를 경영의 핵심 지표로 삼는다. 고(故) 이건희 삼성 회장은 "일본과 유럽의 50년 된 회사와 5년 된 회사의 결정적인 차이는 축적된 데이터의 양이다. 데이터와 사례 연구, 역사 같은 것은 돈을 주고도 못 사는 귀중한 것들이다."라고 했다. 삼성이 글로벌 기업으로 가는 계단마다 층층이 데이터가 축적되었음을 들려주는 말이다.

구글 회의실에는 대부분 두 개의 프로젝터가 있다고 한다. 한 개는 다른 사무실과의 화상회의나 발표를 위한 것이고, 또 한 개는 데이터를 보기 위한 것이다. 구글 직원들은 데이터로 회의를 시작한다. "내 생각에는…"보다 "자료를 보면…"으로 서두를 꺼낸다. 구글은 데이터를 바탕으로 의사결정 한다.

데이터는 편견도 적고 고집도 적다. 거짓이나 왜곡 없이 있는 그대로를 보여준다. 다만 그 데이터를 해석하는 사람의 편견이 있을 뿐이다. 버클리대학의 정치학 교수인 레이먼드 월핑거는 "일화들이 모이면 곧 데이터가 된다."고 했다. 데이터는 다양한 경험의 축적이다. 두어 개의 경험에는 오류가 있을 수 있지만 여럿의 경험이 축적되면 베테랑급 안내자가 될 수 있다.

데이터는 역사이자 자산이며 미래를 향한 나침반이다. 쇤베르거는 『빅데이터가 만드는 세상』에서 빅데이터를 '안경'에 비유한다. 안경을 써도 없는 것은 끝내 보이지 않지만 숨어 존재하는 것은 선명히 볼 수 있다. 스탠퍼드대 헥터 가르시아몰리나 교수는 빅데이터를 더 맛깔나게 설명한다.

"빅데이터는 연필과 같다. 누구에게나 필요하고 어디서나 쓰인다."

21세기 조직의 리더라면 빅데이터 안경 하나, 빅데이터 연필 한 자루는 지니고 다녀야 한다.

4장
행복한 삶을 위하여

간절한 영혼의 기다림

나에게 예배는 탁해지려는 영혼을 정화하는 시간이다. 인간의 타고난 본성이 선하다고 주장한 맹자는 잠들기 전에 자신을 돌아보지 않으면 사람이 하루하루 짐승을 닮아간다고 했다. 흐려지는 영혼을 수시로 정화해야 인간이 인간다워진다.

아내와 함께 주일 예배에 참석해 담임 목사님 설교를 듣다 가슴이 뭉클하고 눈시울이 뜨거워진 적이 있다. 어느 의사가 들려준 한 청년의 숭고한 사랑 이야기 때문이다.

의사가 진주시에서 인턴을 하던 때다. 어느 공사장에서 추락 사고로 뇌를 다친 26살의 청년이 새벽에 응급실로 실려 왔는데, 그의 얼굴과 머리는 심하게 손상되어 이전의 모습을 전혀 알아볼 수 없었고 의식도 완전히 잃은 상태였다. 서둘러 응급조치를 했지만 살 가망은 없어 보였다. 얼마 후 심전도를 체크하는 기계로 눈을 돌렸는데 규칙적이고 정상적인 심장 박동을 나타내는 심전도 곡선이 갑자기 웨이브 파동으로 바뀌고 있었다. 이는 죽음이 임박했음을 보여주는 신호였다. 의사는 10분을 넘기기 어렵겠다 싶어 중환자실 밖의 가족들에게 마지막 임종을 지키시라고 했다. 청년의 죽음을 기정사실로 받아들인 가족들은 오열하기 시작했고, 의사는 착잡한 마음으로 중환자실을 나왔다. 의사는 간호사에게 심전도 파동이 멈추면 곧 영안실로 옮기라고 일러두었다. 다른 병실에서 환자를 돌본 뒤 중환자실에 들른 의사는 깜짝 놀랐다. 한 시간이 훌쩍 지났음에도 그의 심장은 느린 웨이브 파동의 심전도를 보이며 뛰고 있었다. 수많은 응급환자를 돌봤지만 전에 보지 못한 이례적 상황이었다.

더 놀란 건 다음날이었다. 이튿날 아침에도 그 청년의 심전도는 여전히 느린 웨이브 파장을 그리고 있었다. 육신은 멈추었는데 영혼이 떠나지 못하고 있다는 생각이 들었다. 하루가 더 지났지만 그의 영혼은 이승을 붙잡고 있었다. 영혼이 안간힘을 쓰고 있을 때 그 청년의 애인인 듯한 여인이 중환자실로 뛰어 들어왔다. 그녀는 제대로 환자의 얼굴을 쳐다보지도 못하고 넋이 나가 바닥에 쓰러질 것 같았다. 젊은 여인이 가까스로 흐느끼며 침대 옆에 서는 순간, 심전도의 웨이브 파동이 멈췄다. 삶의 전원이 꺼진 것이다. 그녀는 외지로 출장을 갔던 그 청년의 아내였다. 결혼한 지 3개월, 아내는 귀한 생명을 품고 있었다. 의사는 그녀에게 남편의 영혼이 얼마나 힘들게 버티며 아내를 기다렸는지 말해 주었다.

목사님은 이 청년의 이야기로 영혼을 들려주었다. 우리에게 맑은 영혼을 간직하고 있는지, 영혼의 존재를 믿는지, 영혼은 얼마나 아름다운지를 물었다. 나는 영혼의 존재를 믿지만 내 영혼이 맑고 아름다운지는 자신 있게 답할 수 없었다. 이 청년의 간절한 영혼의 기다림이 홀로 남은 아내에게 험한 세상을 버텨내는 데 얼마나 힘이 되었을까 하는 생각도 마음에 깊이 박혔다. 고귀한 것은 아름답고 숭고한 사랑은 가슴을 뭉클하게 한다.

생각이 모아져 정신이 되고 정신이 모아져 영혼이 된다. 그러니 영혼은 맨 위에서 빛나는 숭고한 것이다. 삿된 이익만 좇으면 영혼이 흐려지고 쪼그라들어 밤톨만 하게 된다. 하늘이 흐려도 세상이 맑은 날이 있다. 마음의 찌꺼기가 씻겨 내려간 까닭이다. 하늘이 푸르러도 마음이 흐린 날이 있다. 영혼의 불순물이 푸름을 가린 탓이다. 영혼이 맑으면 세상이 맑고, 영혼이 흐리면 세상천지가 흐리다. 눈은 세상을 보고 영혼은 세상을 비춘다.

『어린 왕자』는 우리에게 세상을 보는 이치를 들려준다.

"내가 비밀을 말해 줄게. 그건 마음으로 봐야 잘 보인다는 거야. 정말 중요한 것은 눈에 보이지 않아."

마음이 없으면 봐도 보이지 않고 들어도 들리지 않는다. 마음이 간절하면 작은 것도 크게 보이고 작은 소리도 크게 들린다. 사랑은 눈이 밝고 귀도 밝다. 말 안 해도 듣고, 없어도 보인다. 길가의 느티나무도 마음에 따라 풍경이 달라진다. 그러니 세상이 자꾸 흐리면 마음과 영혼을 들여다봐야 한다.

맹자가 제자들에게 본성이 선한 인간이 사는 세상이 왜 이리 혼탁해졌는지 그 까닭을 들려줬다.

"옛날 우산의 나무(牛山之木)는 원래 아름다웠다. 한데 큰 나라 수도의 교외에 있는 까닭에 사람들이 도끼로 그 나무들을 찍어댔으니 산이 견뎌

낼 수가 있었겠는가. 밤낮으로 다시 자라나고 우로(雨露)를 받아 싹이 돋기는 하지만 다시 소와 양을 끌어다 자라는 족족 뜯어 먹이니 저리 민둥해진 것이다. 사람들은 지금 민둥산을 보고 원래 거기에는 나무가 없었다고 생각한다."

맹자는 우산지목 이야기를 들려주면서 탄식했다.

"사람은 자신이 기르던 가축이 집을 나가면 온 집안이 다 찾아 나서지만 정작 양심이 마음을 떠나면 찾아나서는 사람이 없구나."

흐려져 가는 인간의 영혼을 꼬집는 말이 가슴을 찌른다. 매일매일 바쁘게 살아가는 현대인은 영혼으로부터 들려오는 소리에 얼마나 귀를 기울이며 살까. 아니, 영혼이 있다는 것을 믿기는 할까. 물질은 행복의 필요조건이지만 필요충분조건은 아니다. 식탁은 풍성해도 마음이 불행한 사람이 있고, 판잣집에서도 웃음이 새어나온다. 만족이 없으면 늘 구하며 산다. 다투고 질투하고 시기하고 남의 것을 훔쳐본다. 마음에 즐거움이 없으면 영혼이 말라간다.

마음이 흐려지고 탐심이 스며들려 할 때마다 성경 고린도전서 13장 말씀을 되뇐다. 그러면 놀랄 만큼 마음이 다시 고요해진다.

"사랑은 언제나 오래 참고 사랑은 언제나 온유하며 사랑은 시기하지 않으며 자랑도 교만도 아니하며… 사랑은 무례히 행치 않고 자기의 유익을 구하지 않고 사랑은 성내지 아니하며 진리와 함께 기뻐하네. 사랑은 모든 것 감싸 주고 바라고 믿고 참아내며 사랑은 영원토록 변함없네. 믿음과 소망과 사랑은 이 세상 끝까지 영원하며 믿음과 소망과 사랑 중에 그중에 제일은 사랑이라."

청년 영혼의 간절한 기다림이 이 성경 말씀 안에 온전히 담겨 있는 듯하다. 사람은 무엇으로 행복해질까. 곳간의 넉넉함에도 행복이 있겠지만 따뜻한 마음과 아름다운 영혼 위에도 행복이 내려앉지 않겠나 싶다. 이승을 떠난 청년의 영혼이 하늘을 더 밝게 수놓기를 바라며 나도 시들어가는 영혼에 물을 듬뿍 줘야겠다.

둘러보면 보이는 것들

지구촌에 한류 열풍이 거세다. 방탄소년단(BTS)을 선두로 한 K-pop을 비롯해 K-영화, K-드라마, K-뷰티, K-반도체, K-스포츠 등 한국의 브랜드가 세계를 누비고 있다. 축구 대표팀은 2022 카타르 월드컵에서 강적 포르투갈을 꺾고 16강에 올랐고, 한국 여자 골퍼들의 미 LPGA 활약상도 눈부시다. 한국 드라마의 넷플릭스 1위는 일상적 뉴스가 되었고, 코로나19로 잠시 날개를 접은 K-뷰티도 다시 날아오르고 있다. 한류 돌풍의 핵심은 남과 닮음을 거부하는 차별화와 독창성이다. 물론 그 바탕에는 피땀 어린 노력이 깔려 있다.

얼마 전 고교 동창 40여 명이 오래간만에 강원도 속초로 단체 워크숍을 다녀왔다. 명분이 워크숍이지 친구들과 'Heart to Heart!' 마음을 나누며 청명한 하늘과 시원한 바람을 즐기는 정겨운 가을 소풍을 간 것이다. 추수의 계절은 인간을 겸손하게 한다. 버스 창밖으로 보이는 누렇게 고개 숙인 벼들이 마음을 차분히 가라앉힌다. 왠지 감사한 마음이 절로 생긴다.

옆 좌석에 앉은 친구 영춘이와 흘러간 추억들을 소환하며 이런저런 이야기를 나누었다. 영춘이 큰아들은 러시아에 거주하고 있는 음악가인데, 몇 해 전에 러시아 여자와 결혼했다. 아들 내외는 시베리아 옴스크에 거주하고 있다. 가끔 한국에 오면 가족 여행을 다니는데 러시아 며느리가 한국이 아름답다고 연거푸 감탄하는 모습을 보고는 친구가 물어봤단다. 한국이 왜 그리 아름다운지. 며느리 답은 이랬다고 한다.

"아버님, 무엇보다 도심에서 쉽게 갈 수 있는 산과 산책로가 있는 게 너무 아름답습니다. 주위에 한강이 흐르고 조금만 교외로 나가면 바다를 볼 수 있는 것도 신기하고요. 터널이 잘 뚫린 도로는 볼수록 감탄이 나옵니다. 주유소에 설치된 자동세차기도 진풍경이고요."

친구는 며느리 답변에 웃음이 나왔단다. 아름다운 섬, 환상적인 둘레길 뭐 이런 근사한 답을 기대했는데 고작(?) 쉽게 갈 수 있는 산과 산책로라니. 그러면서 동시에 '며느리 마음이 맑으니 작은 것들에도 쉽게 감탄하지 않겠나' 하는 생각이 스쳤단다. 어디를 가도 연속으로 감탄사를 질러대는 며느리 덕에 가족 여행이 늘 즐겁다고 친구가 살짝 며느리 자랑질을 한다. 며느리가 행복 바이러스를 시아버지에게 옮겼는지 사업차 해외 도시 곳곳을 다닌 영춘이가 한국 예찬을 늘어놓는다.

"동유럽의 그 유명한 다뉴브강도 우리나라 한강에 비할 바 못되지. 산과 바다가 어우러진 아름다운 경치는 우리 대한민국이 으뜸이야. 노년에는 이 땅의 경치를 즐기며 사는 게 최고야. 그게 행복이고."

친구 며느리의 감탄 바이러스가 나에게도 옮겨왔는지, 영춘이의 이야기를 들으면서 한국의 아름다움에 자부심이 생겼다. 좋은 친구는 삶의 좋은 에너지다. 그러니 나이 들수록 좋은 벗을 곁에 둬야 한다. 부처의 제자 아난다가 스승에게 물었다. "좋은 벗은 길의 절반쯤은 되겠지요?" 부처가 고개를 가로저었다. 아난이 의아해하며 연유를 묻자 부처가 짧게 답했다. "좋은 벗은 길의 전부니라."

현대인의 욕심은 물질이 불어나면서 한 아름으로는 만족할 수 없는 지경에 이르렀다. 곳간이 넘쳐도 부족하다고 하소연하고, 호시탐탐 이웃의 것을 엿본다. 욕심은 행복을 밀치고 들어온다. 욕심이 넘치면서 행복한 사람은 드물다.

속초에 도착한 우리 동창 일행은 송강 정철이 「관동별곡」에서 소개한 낙산사 의상대와 홍련암으로 발길을 옮겼다. 동해안 절벽에 위치하여 바닷가 절경이 한눈에 들어오고 주변의 해안 절벽과 노송(老松)들이 사찰과 아름답게 어우러져 있었다. 한국의 아름다움은 이렇게 산천에서부터 시작하여 얼굴에서 피어나는 작은 미소로 번지고, 작은 친절과 작은 나눔으로 확산된다. 친구의 러시아 며느리도 한국의 참 아름다움을 점차 발견하게 될 것이다. 아름다운 풍경에 담긴 아름다운 것들을 조금씩 더 보게 될 것이다.

둘러보면 보이는 것들이 많다. 발아래를 둘러보면 엎드린 민들레가 보이고, 주위를 둘러보면 환하게 웃는 꽃들이 보인다. 어디를 가더라도 자연의 숨결을 느끼고 거기서 뿜어 나오는 향기를 맡을 수 있다. 사람을 둘러보면 타인의 아픔이 보이고 나름의 사연이 보인다. 꽃을 찬찬히 들여다

보면 누구나 시인이 된다고 했다. 발길이 급한 시대다. 앞만 보고 서둘러 길을 걷는다. 세상의 길은 직선이 아니다. 때로는 돌아가는 지혜, 둘러보는 여유가 필요하다. 때로는 빠른 길을 조금 돌아가는 것도 세상을 사는 지혜다. 적이 한 손에 잡힐 듯하다고 직선으로 돌진하다간 몰살당하기 십상이다. 함정은 늘 서두르는 마음에 있다.

『장자』에 나오는 이야기다.

어떤 사람이 자신의 그림자를 싫어했다. 그림자를 자신에게서 떼어내려고 발걸음을 빨리했다. 하지만 그림자는 여전히 붙어 다녔다. 자신의 발걸음이 늦은 탓이라고 생각한 그는 뛰기 시작했다. 그래도 떨어지지 않자 숨이 멎을 때까지 더 빨리 뛰었다.

장자가 안타까워했다.

"그늘에 들어가 좀 쉬면 그림자도 없어지고 지친 몸도 안식을 찾을 텐데…."

우리는 자주 내달린다. 서쪽으로 가는 이유, 동쪽으로 가는 까닭도 모른 채 무리를 좇는다. 그렇게 하나둘 '나'를 잃어간다. 네 잎의 클로버를 행운이라 부르고, 세 잎의 클로버를 행복이라고 부른다. 우리는 가끔 행운을 잡으려고 행복을 무참히 짓밟는다. 누군가 행복은 좇지 않고 둘러보는 것이라고 했다. 찬찬히 둘러보면 참 많은 게 보인다. 꽃도 보이고, 하늘도 보이고, 새소리도 보인다.

속도의 시대에는 마음도 급해진다. 기술이 빨라지고, 걸음이 빨라지고, 심지어 사랑조차 빨라진다. 걷는 속도로 보는 세상 풍경이 가장 아름답다고 했다. 가끔은 돌아가며 둘러보며 걷자. 모퉁이 꽃 한 송이가 뜻밖의 행복을 안겨다 줄 수도 있으니. 하얀 구름사이에 미소 짓는 푸르른 가을 하늘 아래, 속초의 아름다움을 만끽한 친구들과의 추억 여행은 한편의 행복 드라마였다.

시인 나짐 히크메트는 『진정한 여행』에서 '가장 아름다운 시는 아직 써지지 않았고 가장 아름다운 노래는 아직 불리지 않았다'고 했다. 둘러보면 인생의 더 아름다운 시를 쓸 것이다. 인생의 더 아름다운 노래도 부를 것이다. 둘러보면 보이는 것들이 참으로 많다.

워라밸 인생을 꿈꾸며

시대는 늘 변한다. 시대가 변하면 삶의 방식, 즉 라이프 스타일도 바뀐다. 요즈음 워라밸(WLB: Work-Life Balance)이 화두다. 일에만 너무 매달리지 말고, 미래에만 너무 얽매이지 않으며 현재를 즐기면서 일과 삶의 균형을 맞추자는 것이다. 워라밸적 라이프 스타일은 젊은층, 중년층, 노년층을 구분하지 않고 빠르게 확산되고 있다. 워라밸은 육체적·정신적 건강의 조화를 통해 행복한 삶을 추구하자는 웰빙(Well-being)과 함의가 비슷하다.

워라밸이라는 용어는 1970년대 영국 취업 여성 단체가 기혼 여성들이 일과 가정 사이에서 겪는 여러 갈등과 문제를 극복하고, 직장과 가정이 양립하는 사회적 기반을 조성하자는 취지에서 사용하기 시작했다. 최근에 와서는 현재의 삶에 충실하면서 자신의 삶의 질을 높이기 위해 자기계발의 자유 시간을 갖는 라이프 스타일로 뜻이 확산되었다. 사회적 통념이나 제도에 맞추지 않고 자신의 삶을 스스로 설계한다는 의미도 포함되어 있다.

유엔이 2017년에 발표한 '세계 행복도 보고서'에 따르면 한국인 대다수는 연봉보다 워라밸이 더 중요하다고 생각하고 있는 것으로 나타났다. 야근으로 돈을 더 벌기보다 저녁이 있고 주말도 있는 삶을 더 선호한다는 얘기다. 연봉 액수만을 보기보다 직원 복지를 살펴 회사를 지원하는 젊은 층이 늘어나고 있는 것도 사실이다. 직장 문화도 직장 우선에서 개인 생활 우선으로 방점이 점차 옮겨가고 있다. 이런 흐름은 올림픽이 열렸던 1988년생부터 1994년생까지의 이른바 워라밸 세대가 주도하고 있다.

워라밸이 화두지만 우리나라 국민들의 '삶의 균형'은 여전히 불균형적이다. 유엔 자문기구인 지속가능발전해법 네트워크가 발표한 2022년 세계 행복 보고서에 따르면 한국은 '삶의 균형과 조화(Balance and Harmony)'에서 150여 개국 중 89위로 하위권에 속했다. 경제력은 26위, 행복감은 59위다. 숫자로 보면 경제력-행복감-균형과 조화 순이다. 물질과 행복에 엇박자가 있음을 보여주는 보고서다. 식탁이 풍성해진 정도에 비해 행복감은 그만큼 높아지지 않았다는 말이다.

나는 1957년생이니 베이비부머 세대(1955~1963년 출생)이다. 부모님 세대나 베이비부머 세대는 가난을 극복하기 위해 밤낮을 가리지 않고 일했다. 덕분에 개인은 가난을 한 꺼풀 벗었고, 국가는 '한강의 기적'이라는 경제성장을 이루었다. 중학생 아들의 "아빠는 워커홀릭이야!"라는 말에 충격을 받은 적도 있지만 그 시절에는 모두가 일 중독자였다. 일이 곧 생계였으니 일 외에 달리 뾰족한 수도 없었다. 그래도 돌이켜보면 좀 더 가정에 충실하고 아들, 딸과 좀 더 즐거운 시간을 가졌으면 하는 아쉬움은 남아 있다.

이제는 시대가 빠르게 바뀌고 있다. 특히 코로나19 팬데믹을 거치면서 일과 삶을 보는 관점이 바뀌고 있다. 내일도 중요하지만 오늘은 더 소중하다는 생각으로 관점이 이동하고 있다. ICT 기술이 일상 속으로 급속히 침투하고 있는 것도 워라밸과 무관치 않을 것이다. 일자리 구조에도 변화가 생길뿐더러 현재를 즐길 수 있는 여건 또한 빠르게 변화한다. 한때는 노동이 단지 생존을 위한 수단이었다면 이제는 삶을 즐기기 위한 수단이 되어가고 있는 것이다. 생존에서 가치 추구로 라이프 스타일이 진화하고 있는 셈이다.

워라밸에는 소중한 가치 세 가지가 담겨 있다.

첫째는 '나다움'이다. 나는 'Only One!'이다. 이 세상에 둘도 없는 오직 하나, 유일한 사람이다. 그러니 '진정한 나'를 발견하고 내 걸음으로 세상을 걸어가야 한다. 정체성의 확립은 나를 회복하는 일이다. 남의 이름으로 살지 않고 내 이름으로 당당히 세상을 살아가는 일이다. 지치고 힘들 때 자신에게 가장 힘이 되는 사람은 나 자신이다. 나는 이 세상에서 누구와도 비교되지 않는 절대적 존재다. 워라밸은 나답게 사는 삶을 설계하고 디자인하는 일이다. 'Only One'이 되기 위해 자기 정체성을 세우는 일이다. 피터 드러커는 "인생 후반부를 위해 취미에 머무르지 않는 제2의 관심분야(Second Area)를 개발하라."라고 했다. 나도 인생 후반의 '나다움'을 회복하기 위해 취미를 넘어서는 제2의 관심분야를 찾아야겠다.

둘째는 '행복권'이다. 인간은 누구나 행복하기를 원한다. 인간으로서의 행복을 추구할 수 있는 권리인 행복권은 우리나라 헌법에도 보장되어 있다. 매슬로우의 '욕구 5단계 이론'에 따르면 생리적 욕구나 안전 욕구와 같은 하위 단계의 욕구가 충족되어야 비로소 최상위 단계인 자아실현의 욕구가 생긴다. '생리적 욕구-보호와 안전의 욕구-사회적 욕구-자아 존중의 욕구-자아실현의 욕구'는 피라미드 형태를 띤다. 인간은 생리적 욕구라는 절대적 욕구가 충족되었다고 만족하지 않는다. 자아를 존중하고 자아를 실현하려는 더 높은 차원의 욕구를 끊임없이 욕구한다. 어쩌면 행복권은 욕구의 피라미드 꼭대기로 올라가려는 멈추지 않는 추구권이다.

인디언들은 말을 타고 달리다가 가끔 멈추고 뒤를 돌아본다고 한다. 자신의 영혼이 뒤를 쫓아오는지 살피기 위해서다. 세상이라는 길을 허겁지겁 달리는 우리도 가끔 멈춰 서서 뒤를 돌아봐야 한다. 나의 발걸음을 행복이 따라오고 있는지 살펴야 한다. 잠시 멈출 수 있는 사람만이 더 높이 뛰고 더 멀리 날 수 있다. 워라밸은 자신을 돌아보는 삶이다. 뛰다가도 멈춰서 달리기의 의미를 헤아려보는 삶이다.

셋째는 '더불어 사는 삶'이다. 'Only One'은 나만 고집하는 아집적인 삶이 아니다. 나로 살지만 타인을 이해하고 이웃과 더불어 사는 삶이다. 인간의 주체성은 스스로 결정하고 책임을 다하고 윤리적 행동을 하는 데서 나온다. 이기적으로 나만을 앞세우는 것은 진정한 주체성이 아니다. 이타심은 주체성과 상반되지 않는다. 남을 배려하고 남을 이롭게 하려는 마음은 자아 존중, 자아실현과도 닿아 있다. 진정한 워라밸 선진국은 봉사하는 마음이 넘치는 나라다.

나의 젊은 날은 '일 중독 시대'였다. 지난 시대를 오늘의 잣대로 재는 건 어리석은 일이다. 모든 시대는 그 시대의 소명과 가치가 있다. 누구도 옛 자리에 그대로 머물 수는 없다. 어리석은 자는 어제의 잣대로 오늘을 재고, 현명한 자는 오늘의 잣대로 오늘을 잰다. 나도 이제 일과 삶의 균형을 맞추며 살아가야겠다. 급히 오르느라 보지 못한 꽃들을 천천히 살펴보면서 좀 여유롭게 인생길을 걸어야겠다.

60대의 꿈꾸는 청춘

인생 3막을 당당히 걸으려면 디지털 지식이 필요하다는 생각이 들었다. 시대에 뒤처지면 바로 노인 취급 받는 세상이 아닌가. 그래서 서울 강남구 가족센터에서 실시한 '디지털 정보격차 해소를 위한 히어로(老) 열정 온(ON) 교육'을 수료했다. 2022년 6월부터 3개월간 14회에 걸쳐 스마트폰 활용하기, 키오스크 체험하기, 생활 앱 활용하기, 블로그 만들고 글쓰기, SNS 활용하기 등을 배웠다. 수강생은 16명이었는데 대부분이 60세 이상이었다. 놀라운 것은 3개월여간의 교육 기간에 결석자가 단 한 명도 없었다는 사실이다. 나는 수강자들의 배움에 대한 열정과 끈기에 감동했다.

알찬 프로그램과 강사님의 열강으로 참가자들의 만족도는 매우 높았다. 저마다 나름의 콘셉트를 담은 블로그를 개설하여 소통과 공감의 전도사가 되었다는 자부심에 기분이 한껏 들떴다. 대학 은퇴로 삶이 적적하던 나에게도 디지털 수업은 큰 위로와 기쁨을 주었다. 21세기의 디지털 기기는 삶의 반려자다. 소통과 공감, 물건 구입, 즐거움 추구에 디지털 기기를 빼놓을 수 없다.

배움의 눈망울은 초롱초롱했다. 나이는 60대지만 눈망울에 맺힌 배움의 열기는 뜨거웠다. 배우는 자는 나이가 어려지나 보다. 그들의 눈에서 선생님의 가르침을 열심히 받아 적는 초등학생들을 봤다. 배우는 자는 영원한 청춘이다. 청춘은 빛이 난다. 배움의 열정은 에메랄드 바닷빛처럼 반짝인다. 나이는 숫자에 불과하다지만 그 숫자에 지레 겁먹고 손을 드는 사람들이 많다. 디지털 수업 참석자들은 나이에 항복하지 않고 되레 나이를 항복시켰다. 나이를 딛고 배우고 도전하는 삶은 언제나 아름답다.

조너선 스위프트의 풍자소설 『걸리버 여행기』에는 불로장생인 스트럴드브럭이 나온다. 그들은 죽음의 공포가 없다. 하지만 불사의 노년은 추한 존재다. 그들은 나이가 먹으면서 젊음과 활력을 잃고, 우울하고 의기소침해진다. 80세쯤 되면 어리석음과 연약함이 곳곳에서 노출된다. 완고하고 까다롭고 탐욕스럽고 사소한 일에 언짢아하고 말이 많고 질투가 심한 욕망 덩어리로 변한다. 대인관계도 뒤틀리고 인간 본래의 따뜻한 애정도 알지 못한다. 90세가 되면 사회적으로 사자(死者)로 여겨지고, 모든 일로부터 제외되며, 사회적 신용도 제로가 된다. 이빨과 머리도 빠지고 미각도 기억력도 소멸된다. 현대의 노인성 치매와 비슷한 증상이다. 결국 불사인간 스트럴드브럭은 모두가 혐오하는 처량하고 추악한 존재가 된다.

조너선은 어쩌면 300년 전에 '100세 시대'의 우울한 자화상을 그렸는지도 모른다. 오래 산다는 건 축복이면서도 때로는 재앙이다. 누구나 행복한 종언을 꿈꾸지만 끝은 인간의 바람대로 오지는 않는다. 하지만 나이와 게으름에 지지 않고, 배우고 익히면 청춘의 삶은 그만큼 늘어난다. 담보할 수 없는 인생의 끝은 어쩔 수 없지만 각자의 의지로 담보할 수 있는 삶은 늘릴 수 있다. 배움은 삶을 유연하게 한다. 만물은 굳어가면서 가능성이 쪼그라든다. 화석은 풍파에 몸을 맡길 뿐 스스로는 그 무엇도 되지 못한다. 진흙의 쓰임은 뭔가로 굳지 않은 유연성에서 나온다. 배움으로 생각이 굳어가는 것을 늦춰야 한다.

오는 노년은 누구도 막지 못한다. 하지만 노년의 형상은 나름 준비하고 선택할 수 있다. 『논어』 자한 편에는 공자가 배움에 임하는 자세를 엿볼 수 있는 구절이 있다. 공자의 말이다.

"뒤에 난 사람이 두렵다(後生可畏). 나중에 올 사람이 어찌 지금 사람만 못하다고 할 수 있겠는가. 하지만 나이 40이나 50에도 이름이 알려지지 않는다면 그리 두려워할 게 못 된다."

외(畏)는 단순히 두려운 게 아니라 존경의 뜻을 내포한다. 그러니 뒤에 오는 사람이 나를 앞지르는 것을 두려워하고 시기만 하는 게 아니라 존중하는 마음으로 받아들인다는 것이다. 2,500년 전의 말이니 나이 40이나 50은 60이나 70쯤으로 바꾸는 게 타당할 것이다. 함의를 넓게 풀자면, 나이 60, 70에 배움을 멈추면 뒤에 오는 사람들이 우습게 보고 잽싸게 앞질러간다는 얘기다. 꿈을 잃고 배움을 멈추면 노화가 곱절로 빨라진다.

죽은 물고기는 떠내려가고 산 물고기는 물을 거슬러 오른다. 나이에 떠밀려가는 삶은 죽은 물고기와 비슷하다. 나이를 거슬러 오르려는 몸짓이 물고기를 생기 있게 한다. 현대 영시의 거장인 윌리엄 버틀러 예이츠는 '늙음이란 정말 하찮은 것/ 나무 작대기에 넝마를 걸쳐 놓은 것/ 만일 영혼이 손뼉 치며 노래하지 않는다면/ 유한한 넝마의 모든 조각들을 위해서 더 소리 높여 노래하지 않는다면'이라고 노래했다. 내게는 영혼이 성장하고 꿈을 노래하는 노년은 결코 하찮지 않다는 뜻으로 읽힌다. 늙음의 미학을 몇 줄로 농축한 시다.

100세를 넘긴 철학자 김형석 교수는 65~75세가 인생의 황금기라고 했다. 60대가 되면 행복이 무엇인지, 인생을 어떻게 살아야 하는지를 더 분명히 알게 된다는 것이다. 그는 진정한 행복은 남을 위해 살고 사랑하는 사람과 함께 더불어 사는 것이라고 강조한다. 공동체 안에서 끊임없이 소통하고 공감하며 이타적인 삶을 사는 게 행복의 지름길이라는 100세 철학자의 말은 울림이 크다. 나는 나로 살아야 한다. 하지만 내가 오로지 나만을 위한다면 나는 하찮은 존재가 된다.

나이는 지혜를 담으며 숫자가 늘어난다. 나이에 지혜를 담지 못하면 늙어서 옹고집쟁이가 된다. 지혜의 바구니에는 배움도 담고, 배려도 담고, 나눔도 담고, 관용도 담고, 헤아림도 담아야 한다. 그런 지혜의 바구니를 가슴에 품고 있으면 그 안에서 행복이 절로 자란다.

100세 시대는 빛도 있고 그림자도 있다. 그 빛과 그림자는 100세가 아닌 평생에 걸쳐 만들어진다. 건강, 물질, 관계, 인성은 빛과 그림자의 경계에 있는 것들이다. 준비된 노년은 쇠퇴기가 아니라 황금기다. 붉은 노을로 바다를 물들이고 세상을 비춘다. 배우는 삶은 늘 성장기다. 건강한 삶, 자아를 실현하는 삶, 공동체에서 관계를 맺는 삶, 봉사하는 삶은 평생

지향해야 할 삶이다. 건강한 육체에 건강한 정신이 깃들고, 건강한 정신에 건강한 육체가 깃든다. 육체와 정신의 조화는 세상을 살아가는 최고의 균형이다.

한국외국어대 양선이 교수는 100세 시대 노년의 삶에 대해 두 가지를 강조한다. 우리의 과거는 자신의 재탄생에 도움이 되고, 우리의 현재는 자신의 삶을 재창조하는 데 도움이 된다는 것이다. 재탄생은 과거를 딛고 다시 태어나는 것이다. 나태한 나에서 근면한 나로, 이기적인 나에서 이타적인 나로, 부정적인 나에서 긍정적인 나로 다시 태어나는 것이다. 재탄생하면 삶도 재창조된다. 재창조는 과거가 아닌 현재의 몫이다. '나 때는…'만을 읊조리지 않고 현재의 삶을 살아내는 일이다. 나이가 든다는 것은 삶의 구간 구간에서 나를 재탄생시키고 재창조하는 것을 뜻한다. 인간의 생명은 한 번 태어나지만 삶은 거듭해서 태어난다.

육체가 쇠락하면 정신도 쇠락한다. 하지만 정신의 쇠락은 육체의 쇠락보다 훨씬 늦출 수 있다. 나이에는 과거가 덕지덕지 매달린다. 과거의 부귀영화도 매달리고, 과거의 아픈 상처도 매달린다. 육체가 무거울수록 정신은 가벼운 게 좋다. 마음을 짓누르는 과거는 하나둘 떨어내야 한다. 허울과 가식도 훌훌 벗어 마음을 맑게 해야 한다. 시기나 질투를 내쫓고 배려나 관용을 불러 앉혀야 한다. 자연의 섭리는 마음으로 받아들여야 한다.

드는 나이는 어쩔 수 없지만 나이에 쉽게 지지는 말아야 한다. 초등학생처럼 초롱초롱한 눈으로 디지털 강의를 듣던 수강생들은 결코 나이에 지지 않았다. 그들은 60대의 나이지만 꿈꾸는 청춘으로 살았다. 꿈꾸는 삶은 쉬이 시들지 않는다.

견디고 피는 꽃

　새해를 맞아 온 가족이 연초에 겨울 여행을 했다. 이런저런 일로 자주 여행을 못해 가족에게 늘 미안한 마음이 있던 터였다. 발길은 원주로 향했다. 숙소는 지인 교수 소개로 가성비 좋은 인터불고 호텔로 정했다. 설렘과 친구가 되는 게 여행이다. 여행은 힐링의 목적도 있지만, 우리 가족은 그저 각자의 바쁜 일상을 훌훌 털고 겨울바람을 맞고 싶었다. 가족이 함께한 시간과 공간은 두고두고 추억이 된다. 차창 밖 산천을 보니 이해인 수녀의 시 「여행길에서」가 떠오른다. 우리의 삶은 늘 찾으면서 떠나고 찾으면서 끝난다는 담백하면서도 편안한 시구(詩句)다. 찾으러 떠나고, 떠나면 돌아오지 못하니 인생이란 여행은 편도다.

　지인 교수로부터 꼭 가보라는 추천을 받고 오후 3시께 박경리 문학공원에 도착했다. 아담하고 서정적인 분위기가 물씬 풍겼다. 임의숙 책임해설사가 친절한 안내와 설명을 해줬다. 본명이 '금이'인 박경리 작가는 경남 통영에서 태어났다. 1980년부터 서울 정릉에 살다가 가까이에서 딸과 외손주의 울타리가 되고자 원주로 이주했다. 원주는 26년 만에 대하소설『토지』를 탄생시킨, 작가의 삶과 문학의 혼이 깃든 제2의 고향이다. 공원 내에는 단구동 옛집과 텃밭이 보존되어 관리되고 있었다. 5층 규모의 전시관은 작가의 문학 세계를 이해하는 데 많은 도움을 준다. 입구에는 손주를 위해 작가가 손수 만든 연못이 있고, 한켠에는 작가가 직접 가꾸었던 텃밭이 그대로 남아 있다. 작가의 손주 사랑과 소박한 마음이 온전히 전해오고, 글짓기의 부족함을 채워나가는 내 가슴은 문학의 향기로 젖는다.

작가의 삶은 소설만큼이나 기구하다. 6·25 전쟁 중에 남편과의 영문 모를 사별, 여덟 살 아들의 병원 치료 중 사망, 사위인 김지하 시인의 오랜 기간 옥고(獄苦), 이로 인한 딸의 외로움과 처절한 삶…. 작가는 이 모든 고난을 견디며 글로 꽃을 피웠다. 우체국 직원, 연안여자중학교 교사, 수예점·식료품 가게 운영, 한국상업은행 행원, 서울신문사 직원 등은 작가의 인생 곡절을 보여주는 이력이다. 작가는 절망과 공포의 늪에서 익사하지 않으려고 필사적으로 몸부림을 쳤다. 초등학교 시절부터 유난히 책 읽기를 좋아해 책상 밑에 소설책을 숨겨 놓고 읽었다. 친구한테 빌린 책을 기일 내 다 읽지 못해 선생님께 아프다고 이야기하고 집에서 책을 읽을 정도로 책에 빠졌다. 읽기, 쓰기, 사유는 작가의 삶을 짓누르는 고통을 달래는 진통제였다.

해설가가 작가의 수필집『생명의 아픔』을 설명할 때다. 수필집에 환경을 소중히 여기고 모든 생명을 사랑하는 마음이 담겨 있다는 말에 호기심이 발동한 내가 '구체적 사례'를 물었다. 작가의 삶과 작품세계를 꿰고 있는 해설사가 바로 답했다.

"작가님은 집에서 생활하면서 음식물 찌꺼기를 여러 번 깨끗이 헹군 다음에 바싹 말려서 바위 위에 올려놓지요. 그러면 새들이 날아와서 다 쪼아 먹습니다. 쓰레기를 전혀 만들지 않고, 새들도 먹고 살아야 한다는 환경 사랑과 생명 사랑을 몸소 실천했던 분입니다."

해설가는 설명을 마칠 즈음에 우리 가족의 듣는 자세가 너무 진지하다며 답례로 작가의 집필 방에서 「아침」 시를 낭송해 주었다. 작가 삶의 풍경에 더 이상 무슨 수식어가 필요한가. 해설가는 12년간 박경리 작가의 삶과 문학 세계를 연구해왔고 『토지』를 두 번 읽었다고 했다. 해설사의 시 낭송에서 작가를 그리는 마음이 느껴진다. 자신의 시를 천상에서 듣는 작가의 마음은 어땠을까. 갑자기 가슴이 뭉클했다.

나는 작가의 생명 사랑 이야기를 만나고 싶었다. 집에 오자마자 교보문고에서 『생명의 아픔』을 사서 단숨에 다 읽었다. 작가는 머리로만 글을 쓰지 않았다. 텃밭을 몸소 가꾸고, 농사를 짓고, 마당에 있는 거위와 닭에게 모이를 주고, 붕어 새끼를 들여다보며 모든 생명을 사랑으로 보듬었다. 들꽃 하나, 풀벌레 하나, 풀 한 포기까지 모든 생명을 대하는 마음이 애잔했다. 겨울 호수에서 얼음을 치는 철새들에게도 콩과 보리를 뿌려주었다. 글을 읽는 대목마다 가슴이 찡했다. 삶과 글이 붙어 있는 작가에게서 경외심조차 느꼈다.

노자의 『도덕경』 41장에 '대기만성(大器晩成)'이라는 구절이 있다. '큰 그릇은 늦게 완성 된다'는 말이다. 크게 될 사람은 오랜 공적을 쌓아

늦게 이루어진다. 큰 종이나 큰 솥은 단박에 만들어지지 않는다. 크게 이루려면 시간을 단련해야 한다. 욕심은 일을 그르친다. 박경리 작가는 고통스럽고 힘든 겨울을 무릇 생명들을 사랑하며 견뎌내고 『토지』라는 대작으로 찬란하게 꽃을 피웠다. 고생 끝에 낙이 온다고 했다.

예전에 백두산 여행차 우리 가곡 〈선구자〉에 나오는 일송정에 간 적이 있다. 중국 연길에서 버스를 타고 30분 정도 달리면 해란강이 흐르는 용정에 닿는다. 우리 민족이 간도 지방에 처음 자리 잡은 곳이 해란강 주변 들판이었다. 원래 일송정은 정자 모양의 소나무였다. 일제 강점기 애국지사들이 밤마다 이 소나무 밑에서 독립을 놓고 머리를 맞댔다. 그러자 일제가 이 소나무에 구멍을 뚫고 말려 죽였다고 한다. 그 후 용정시가 여러 차례 우리나라의 도움을 받아 소나무를 심고 정자를 신축했다. 나는 당시 눈앞에 펼쳐진 해란강을 바라보며 숨죽인 통곡을 했다. 선열의 조국을 향한 피와 땀이 후손들에게 '견디고 피는 꽃'으로 피어나는 듯했다.

맹자가 제자 공손추에게 호연지기를 설명하다 송나라 농부 얘기를 들려줬다.

"송나라의 한 농부가 자기가 심은 곡식의 싹이 이웃집 곡식보다 빨리 자라지 않음을 안타깝게 여겨 그 싹들을 일일이 뽑아 올렸다. 그가 집으로 돌아와 말했다. '오늘은 피곤하다. 싹이 올라오는 게 더뎌 하나하나 빨리 자라도록 도와줬다.' 아들이 놀라 이튿날 밭으로 달려가 보니 싹들이 이미 말라죽어 있었다."

맹자는 농부 이야기 말미에 한마디 덧붙였다.

"호연지기를 억지로 조장(助長)하는 것은 싹을 뽑아 올려주는 것과 같다. 조장하면 무익할 뿐 아니라 해까지 끼친다."

맹자는 때를 기다리라 한다. 서둘면 되레 일을 망친다고 일러준다. 싹을 뽑아 올리는 조급증이 일을 그르친다. 씨앗을 심어야 싹이 트고 싹이 자라야 꽃을 피우고 꽃이 져야 열매를 맺는다. 만물은 익혀야 한다.

성경에 "시작은 미약하나 그 끝은 창대하리라."는 구절이 있다. 소크라테스 철학은 나이 70쯤에 무르익었고 모세는 80세에 하나님의 부름을 받아 민족 해방의 일선에 섰다. 미국 현대 화단에 돌풍을 일으킨 리버맨은 사업에서 은퇴하고 단 10주간 그림 공부를 한 후에 그림을 그렸는데, 그때가 81세였다. 그는 101세에 스물두 번째 개인전을 가졌는데 평론가들은 그를 "원시적 눈을 가진 미국의 샤갈"이라고 극찬했다. 시작은 중요하다. 하지만 끝이 더 중요하다.

시인 월트 휘트먼은 "추위에 떤 사람일수록 태양의 따뜻함을 느낀다."고 했다. 나는 박경리 작가에게서 '견디고 피는 꽃'을 봤다. 꽃이 아름다운 건 견디고 피기 때문이다. 인간이 아름다운 이유 또한 견디고 피기 때문이다. 찬바람 불면 되뇌어 보자. 견디면 꽃이 피겠구나.

고유명사로 사는 삶

2017년 9월 1일 자로 한신대학교 산학협력 교수로 임명받았다. 설레는 마음으로 강의 준비를 하고 있는데 학교 측에서 연락이 왔다. 한신대가 취업 진로 프로그램 중 하나로 8월 30일 마이스터고인 평택기계공업고등학교에서 실시하는 전교생 대상 '명사 초청 토크 콘서트'에서 특강을 해달라는 것이었다. 대학 첫 강의 며칠 전이라 부담도 되었지만 학교 측 요청을 거부하기도 미안하고 30여 년간 삼성그룹, 무림그룹 등에서 일한 경험이 도움 되지 않을까 하는 생각에 강의를 수락했다.

특성화고 학생들에게 무슨 주제로 어떤 이야기를 해야 할지 고민이 되었다. 대학 부임 전 고교생들로부터 강의 테스트를 받는다는 느낌에 조금 긴장되기도 했다. 먼저 강의 분야 전문가의 코치를 받아야겠다는 생각이 들었다. 예전 삼성물산 동료로 경영대학원에서 학생들을 가르치면서 『기업가 정신』, 『유니콘 기업』 등 다수의 명저를 출간한 유효상 교수에게 요청 받은 강의 내용을 설명하고 어떠한 주제를 정하면 좋을지 조언을 구했다. 돌아온 답변은 의외였다. 유 교수는 "트렌드나 전문적인 이야기, 교과서에 나오는 이야기, 리더십, 창의성 등 소위 '있어 보이는' 내용의 강의는 절대 하지 말라."고 했다. 그런 내용을 학생들이 받아들일 것으로 생각하면 큰 착각이라는 것이다.

그는 몇 가지 강의 팁을 더 전해주었다. 학생들 강의 평가에 전혀 신경 쓰지 마라, 잘난 척하지 마라, 학생 대다수가 강의에 관심 없다, 500명 중 두어 명만이라도 강의를 들은 뒤 인생관이 바뀌고 새로운 꿈을 꾸면 그걸로 충분하다, 자신이 제일 잘할 수 있는 이야기를 들려줘라, 강의 수준을 학생들 눈높이에 맞춰라 등등. 역시 전문가였다. 어떻게 강의를 해야 할지 느낌이 확 왔다.

나는 '꿈을 디자인하라'는 주제로 '나다움'으로 사는 삶에 대해 이야기를 들려줬다. 지문이 다르고 DNA가 다르듯 인간은 모두 다르다. 그러니 남을 닮으려고 너무 애쓰지 말고 내가 잘하고 좋아하는 것을 하면서 살아라. 무지개는 일곱 가지 색깔이 자신의 색을 잃지 않기에 그 빛이 고운 것이다. '할 수 있다'는 단일성 외침보다는 '무엇을 잘할 수 있을까'를 고민해야 하는 시대다. 일에 귀천은 없다. 내가 귀하다 여기면 모든 일이 귀하다. 꿈은 단박에 닿지 않는다. 넘어지면 훌훌 털고 다시 일어나 길을 가라. 일어설 때마다 용기가 생긴다. 이런 내용들을 학생들에게 들려주며 청춘의 멋진 앞날을 응원했다.

나름대로 재미있게 스토리텔링을 구성해 강의를 했지만 유 교수의 말처럼 두어 명이라도 나로 인해 새 꿈을 꾸게 되었는지는 알 수 없다. 다만

한 시간의 강의를 끝마치면서 누군가에게 어둠을 밝히고 길을 열어주는 스승의 역할이 얼마나 귀한 것인지를 깨달았다. 가르치면서 배운다고 했던가. 학생들의 영혼을 어루만지면서 내 영혼을 쓰다듬는 것 같아 작은 희열과 보람을 느꼈다.

세상에서 가장 먼 길은 내가 내게로 돌아오는 길이다. 가장 가까우면서도 가장 먼 것이 나와 나의 거리다. 노자는 "내게서 멀어질수록 배움이 적어진다."고 했다. 나를 버리면서 무엇을 취한들 그게 무슨 소용이 있겠는가. 사람은 자신을 보기 위해 거울 앞에 선다. 거울에 비치는 건 그 사람의 외관이다. 상(像)은 외면일 뿐 나는 아니다. 나는 외면과 내면의 결합체이자 육체와 영혼의 결합체다. 거울의 각도나 조명에 따라 비춰지는 나는 다르지만 본질적인 나는 그대로다. 거울과 옷은 나의 껍질만을 보여주고 가려준다.

그리스 신화에 등장하는 미남 청년 나르시수스는 숲속의 요정 에코의 사랑을 받아주지 않는다는 이유로 복수의 여신 네메시스로부터 벌을 받아 마법에 걸려 자아도취증에 빠진다. 그는 물을 마시다가 표면에 비친 자신의 모습에 반해 허상인 그림자와 사랑에 빠진다. 물에 비친 허상을 실체로 여긴 것이다. 나르시수스의 비극은 내가 나를 모르는 데서 시작되었다.

영화 〈기생충〉의 봉준호 감독은 아카데미 시상식에서 "어렸을 때 항상 가슴에 새긴 말이 있는데 그것은 '가장 개인적인 것이 가장 창의적인 것이다(The most personal is the most creative)'라는 말입니다."라고 했다. 시상식장에서 작품상 후보로 봉 감독과 경합을 벌인 마틴 스코세이지 감독은 봉 감독의 수상소감을 들으며 감격한 표정으로 답례했다.

봉 감독이 책에서 읽었다는 그 문구는 바로 스코세이지 자신이 한 말이었기 때문이다. 참으로 맞는 말이다. 가장 개인적인 것이 가장 창의적이다. 창의를 외치면서도 창의성을 잃어가는 것은 현대인이 자신의 이름으로 살기보다 남 이름을 좇아 사는 탓이다.

2022년 노벨문학상 수상자 아니 에르노는 인터뷰에서 "나는 직접 체험하지 않은 허구를 쓴 적은 한 번도 없다. 앞으로도 그럴 것이다."라고 했다. 그건 '나는 내 글을 쓰겠다'는 선언이다. 허구적 소설을 탓할 수는 없다. 허구도 분명 소설의 본질이다. 하지만 나는 내 길을 가겠다는 선언은 초연하면서도 당당하다. 프랑스 사상가인 미셸 몽테뉴는 "세상에서 제일 중요한 것은 어떻게 하면 내가 정말 나다워질 수 있는지 아는 것이다."라고 했다. 나는 이 말을 가슴에 새기고 세상길을 걸으며 가끔 꺼내본다.

인생의 근본적 고민은 크게 세 가지 질문으로 압축된다. 첫째는 '나는 누구인가?'라는 질문이다. 이는 정체성에 관한 물음이다. 둘째는 '내가 과연 중요한 존재인가?'라는 물음이다. 이는 존재의 의미를 알고자 하는 질문이다. 셋째는 '삶에서 나의 위치는 무엇인가?'라는 물음이다. 이는 나의 영향력이 어느 정도인지를 알고자 하는 질문이다. 인생의 여정은 생각 없이 남의 뒤를 따라가는 길이 아니다. 질문을 던지고 답을 하면서 하나둘 나를 알아가는 길이다. 인간은 생각하는 동물이다. 내가 나에게 자주 물어야 나를 잃지 않는다.

대인은 자기 걸음으로 당당히 세상을 걷는다. 남의 것을 기웃대느라 까치발을 하지 않고, 남의 칭찬에 목을 빼지도 않는다. 까치발로는 인생이라는 먼 길을 걷지 못한다. 세간의 칭찬에 너무 목을 빼면 자신에게서 멀어진다. 니체는 "정의는 고양이 걸음으로 오지 않고 당당히 말굽소리를 내며 온다."고 했다.

'내'가 허약하면 내게 붙어 있는 것들을 내세운다. 나이를 내세우고, 돈을 내세우고, 지위를 내세우고, 인맥을 내세운다. 그러면서 그게 바로 나라고 착각한다. 하지만 그건 나르시수스가 사랑에 빠진 '자신의 허상'이다. 진짜 나는 내 안에 있다. 타인과 비교가 적을수록 '참 나'에 가까워진다. 철학자 쇼펜하우어는 "우리는 남들과 같아지기 위해 인생 4분의 3을 빼앗기고 있다."고 했다.

나다움은 고유명사로 사는 삶이다. 남의 이름을 빌려 살지 않고 내 이름으로, 내 걸음으로 세상을 걸어가는 것이다.

인연(因緣)

아리스토텔레스는 '인간은 사회적 동물'이라고 했다. 홀로 살지 않고 인연을 맺으며 '사회'라는 공동체를 형성하는 것이 인간이라는 의미다. 인연이라는 두 글자 안에는 곡절과 사연도 빼곡하다. 인연에 웃고 우는 것이 인생사다. 나의 인연은 내가 누군지를 말해준다. 그러니 내가 누군지 궁금하면 인연들을 둘러보면 된다.

인연은 만남으로 시작된다. 부모와 자식의 만남, 생로병사의 마지막 단계인 죽음과의 만남은 운명적 만남이다. 남녀 간의 만남에도 운명이란 수식어를 자주 붙인다. 배우자와의 만남, 친구와의 만남, 직장과의 만남은 선택적 만남이다. 우연히 마주쳐서 인연이 되는 소중한 만남도 많다. 만남의 형태도 점점 바뀌고 있다. 예전에는 옷깃을 스치고 마주 보고 웃는 것이 전형이었지만 요즘은 식사 한 끼, 커피 한잔 같이 먹지 않고도 인연을 맺는다. SNS는 만나지 않고도 인연을 맺는 공간이다. 밥을 먹지 않고 손을 잡지 않아도 정이 쌓이고 공동체가 형성된다. IT가 인간의 만남과 인연의 틀까지 바꿔놓고 있는 것이다.

일본에는 1,300여 년간 기업을 이어온 가문이 있다. 세계에서 가장 오랜 역사를 가진 여관인 호시료칸(法師旅館)을 운영하는 호시(法師) 가문이다. 이 여관은 지금도 한 해에 4만여 명이 찾는다. 호시 가문의 성공은 '일기일회(一期一會)'의 정신에 바탕을 두고 있다. 일기일회는 평생에 단 한 번뿐인 만남이나 기회를 이르는 말이다. 사람과 사람의 만남을 귀히 여기는 호시 가문의 가풍은 46대에 걸쳐 이어져오고 있다. 창업자의 46대 후손인 호시 젠고로는 "우리 집안은 '물로부터 배워라', '스스로 깨달아라'라는 두 가지 가훈이 있다."라고 했다.

도가(道家)에서 물은 상징성이 크다. 노자는 "최고의 선은 물과 같다(上善若水)."고 했다. 물은 만물을 이롭게 하고 서로 다투지 않는다. 나로 살지만 나만 고집하지 않고, 낮은 곳을 채운 뒤에 흐른다. 막히면 돌아가고 기꺼이 낮은 곳에 머문다. 둥근 그릇에 담으면 둥글고, 네모난 그릇에 담으면 네모나지만 '물'이라는 자기를 잃지는 않는다. 그 유연성이 만물에 덕이 된다. 도가가 물을 선의 표본으로 삼는 이유다. 호시 가문의 "물로부터 배워라."라는 가훈에도 이런 의미가 담겼을 것이다. 물은 부딪쳐도 서로에게 상처를 주지 않는다. 하지만 인연은 가끔 서로를 찌른다. 그러니 인연도 감별이 필요하다.

법정 스님은 생전에 만남과 인연을 중시하라고 설파했다.

"지금 살아있음에 감사해라. 삶을 당연하게 여기지 말라. 모든 만남은 첫 만남이자 마지막일 수 있다. 옷깃 한번 스치는 것도 500겁(劫)의 인연이 축적된 결과이다. 단 한 번의 기회, 단 한 번의 만남이기에 이 고마움을 세상과 나누기 위해 우리는 지금 이렇게 살아가고 있다. 인간은 홀로 형성되지 않고 관계 속에서 거듭거듭 형성된다."

가끔 가슴에 새기며 읽어보는 구절이다. 지금 살아있음에 감사하고 인연을 귀히 여기고 관계 속에서 거듭난다는 말은 구절구절 뜻이 깊다. 그러면서도 법정 스님은 "귀한 인연은 귀히 여기고 스치는 인연은 스치게 놔두라."고 했다. 스치는 인연을 귀히 여기다 자칫 마음이 다칠 수 있다는 것이다. 인연으로 웃고 우는 것 또한 인생이다.

동창회, 반창회, 기업체 OB 모임, 최고경영자 모임, 향우회 등은 모두 작은 공동체다. 과거의 인연이나 현재의 만남을 매개로 하는 소통의 커뮤니티다. 나도 몇몇 모임에 소속되어 소중한 만남과 인연들을 이어오고 있지만 모임마다 느낌이 다르다. 나이가 들수록 경제적 이유나 건강 등의 사정으로 '모임 다이어트'를 하는 사람도 많다. 때로는 모임의 가지치기도 필요하다. 관계는 가끔 상처를 낸다. 인연이 얽히고설킬수록 생채기가 날 가능성이 커진다. 세상 사람이 다 내 마음 같지 않은 탓이다. 하기야 내마음이 세상의 기준이란 법도 없다. 인연과 인맥은 삶의 든든한 자산이다. 하지만 부실자산은 경계해야 한다.

얼마 전 삼성 입사 동기 8명과 저녁 식사를 했다. 48년이라는 긴 세월을 이어온 모임이다. 직장생활의 추억을 서로 꺼내니 좋고, 서로 마음이 넉넉해서 모임이 포근하니 좋다. 모임이 끝난 후 동기들이 건강하고 우리의 만남이 오래 이어지기를 바라는 마음에서 한 통의 '가을 편지'를 보냈다.

〈 2022년 가을 문턱 끝자락에 서서 〉

어느덧 단풍이 곱게 물드는 2022년 가을 문턱의 끝자락에 서 있네.
우리는 사회에 첫발을 내딛기 시작하면서 '친구'라는 소중한 인연을
만들었지. 우리 모두 우여곡절이 있지만 '변화'라는 세상의 파도에 생
존의 몸부림을 치면서 여기까지 왔으니 참 대견하다는 생각이 드네.
동기 친구로 소중한 인연을 맺은 지 48년이라는 세월이 흘러버렸네.
이제는 인생을 관조하고 삶의 의미를 되새겨 보아야 할 나이 아닌가.
역지사지(易地思之), 이 네 글자를 새기며 이해하고 헤아리며 살아가
고 싶네. 어찌 보면 김형석 교수님 말씀처럼 인생 65세이니 'New
Start'를 해야 할 나이이기도 하고.

이제부터는 어깨에 힘을 빼고, 베풀고, 비우고, 감사하고, 용서하며
인생을 살아가려 하네. 육체의 쇠약이야 삶의 순리이니 어쩔 수 없더
라도 인생 워라밸을 이야기하며 새로운 자아실현을 위해 책을 벗 삼
아 마음의 근육을 키워 볼까 하네. 옛날의 허물들은 미련 없이 훌훌
벗어버리고 마음의 빈 곳을 또 다른 지혜로 채워보고 싶네.

일기일회(一期一會). 나이가 들면서 인연은 행복한 삶을 위해 더 없이
소중한 것이라는 생각이 드네. 우리 모두 작은 것에 감사하고, 서로
나누고 공감하고 위로하며 귀한 인연을 이어가세.

깊어 가는 가을에 친구들과 함께 헤르만 헤세의 '인연' 글을 나누고
싶네.

"인연이란, 인내를 가지고 공과 시간을 들여야 비로소 향기로운 꽃을
피우는 한 포기 난초이다."

우리가 들인 공과 시간이 있기에 우리의 인연에서 난초 같은 향기가 나지 않겠나. 지금의 내가 여기에 있는 것도 친구들과의 귀한 인연 덕이네. 돌이켜볼수록 친구들과의 인연이 참으로 귀하고 소중하네. 앞으로도 마음을 모아 우리 인연의 동아리를 탄탄하고 아름답게 이어갔으면 하는 게 나의 소망이네. 좋은 인연에는 아름다운 향기가 묻어난다고 했으니, 우리 모임도 난초처럼 향기로운 냄새가 나도록 잘 가꾸어보세.

부처는 "향을 싼 종이에서는 향내가 나고 생선을 묶은 새끼줄에서는 비린내가 난다."고 했다. 내가 누군지 궁금하면 '나의 인연'을 둘러보면 된다. 그 인연들은 내 몸에서 향내가 날지 비린내가 날지를 일러준다. 5년 후, 10년 후의 내 모습은 어떨지도 넌지시 알려준다.

인연은 즐겁게 길을 함께 걷는 벗이고, 어두운 길을 밝혀주는 빛이고, 삶의 든든한 자산이다. 좋은 인연은 풍성한 삶의 푸른 잎이고 향기 나는 삶을 만든다.

감사의 미학(美學)

감사는 행복을 담는 그릇이다. '감사합니다'라는 말을 자주 하는 자는 행복의 비밀을 아는 지혜로운 사람이다. 감사는 인격이다. 감사함이 적은 사람은 인격도 낮다. 이 세상에서 가장 값진 선물은 '마음으로 주고받는 선물'이다. 물건은 돈으로 살 수 있지만 감사하는 마음은 돈과 교환이 되지 않는다. 감사는 작은 실천이다. 전화 한 통, 몇 줄의 문자로 고마움을 전하는 게 감사다. 이심전심(以心傳心)이라고 했다. 감사는 감사로 되돌아온다. 그건 따뜻한 마음의 선순환이다.

영어로 감사하다의 'Thank'와 생각하다의 'Think'는 어원이 같다. Thank는 고대 영어 Pancian이 뿌리이고, Pancian의 뿌리가 되는 단어 Panc는 Think의 어원이 된다. 거슬러 오르면 Thank와 Think 언어의 씨앗이 같다는 얘기다. 여기에서 감사의 본질을 유추할 수 있다. 감사는 바로 '사려 깊은 마음'이자 '배려하는 마음'이다. 생각하는 마음이 없으면 감사하는 마음도 없다.

지난해 4월, 급경사 언덕을 뛰어 내려오다가 발이 접질리면서 넘어지는 바람에 오른 손목 콩알뼈를 다쳐 3개월간 고생한 적이 있다. 오른손을 쓰지 못하니 불편이 이만저만이 아니었다. 아프고 다치면 몸 한곳 한곳이 얼마나 소중한지를 안다. 처음 며칠은 '일진이 안 좋다'며 투덜대다가 생각을 바꿨다. 팔 하나 다쳤으니 참으로 감사한 일이라고. 그렇게 생각하니 진짜 감사했다. 만약 양 손목을 다 다쳤다면 어찌 됐을까. 머리라도 다쳤으면 큰일 아닌가. 허리까지 다쳤다면 병실에서 꼼짝도 못했을 텐데. 발보다는 손을 다친 게 다행 아닌가. 매사 조심하라는 경고로 생각하자.

긍정은 긍정을 부르고 감사는 감사를 낳는다. 감사하다 생각하니까 모든 게 감사했다. 나의 오른 손목이 새삼 깨우침을 줬다. 긍정으로 받아들이면 고난과 시련도 축복이 된다는 것을 일러주었다.

1980년대 초반 월남전에서 두 다리를 잃고 두 팔과 엉덩이만으로 3년 8개월 동안 아메리카 대륙 4,453km를 횡단한 보브 위랜드는 웃으며 말했다.

"두 다리는 여분이다. 안 된다고 생각하면 다리가 12개라고 해도 아무것도 할 수 없다."

그는 1986년 뉴욕마라톤대회에서 173시간 45분이라는 꼴찌의 기록으로 결승점을 통과하면서 "어느 곳에서 출발했느냐가 중요한 것이 아니라 어느 곳에서 끝마쳤느냐가 중요하다."라고 했다. 그는 불굴의 의지와 용기가 있었다. 하지만 그보다 더 중요한 것은 두 팔과 엉덩이가 있음에 감사하는 마음이었다. 감사하는 마음, 긍정하는 마음에는 힘이 있다.

감사는 긍정의 세포다. 세포는 생물이 생명을 유지하는 가장 기초적인 단위이다. 감사라는 세포는 자신 내면의 면역력을 키우고 공동체를 행복의 강으로 나아가도록 한다. 감사는 사회적 유대 및 스트레스 완화와 연관된 뇌 신경망과 연관성이 있다. 감사하는 마음은 몸의 긴장을 풀어주고 스트레스 수치를 낮춘다. 그 효과는 전신으로 퍼져 나간다.

나이아가라 폭포의 장엄한 경관은 보는 사람들의 입을 다물지 못하게 한다. 하지만 이 폭포가 생산할 수 있는 전력은 겨우 440만kw에 불과하다고 한다. 폭포의 규모에 비하면 매우 초라한 숫자이다. 하지만 나이아가라 폭포의 물이 하류에 모이면 무려 17억 가구가 불을 환히 밝힐 수 있는 엄청난 수력 자원으로 둔갑한다. 이처럼 전구 하나 밝힐 감사가 모이면 온 동네를 밝힌다. 감사는 나를 밝히고 세상을 밝히는 엄청난 에너지다.

일본 주차장에서 주유를 하면 차량 뒤 먼발치에서 주유소 직원이 머리 숙여 인사하는 것을 백미러로 본다. 공항 세관원들도 여행자의 짐 검사를 마치면 깍듯이 인사를 한다. '감사합니다'는 일본인의 친절을 상징한다. 일본에서 사회적 갈등과 마찰이 상대적으로 적은 것은 '감사 문화'도 한몫을 하지 않나 생각한다. 감사는 남의 허물을 가려주는 마음이기도 하다.

"털려고 들면 먼지 없는 자가 없고, 덮으려고 들면 못 덮을 허물이 없다."

다산 정약용의 『목민심서』에 나오는 말이다. 다산은 또 "겸손은 사람을 머물게 하고, 칭찬은 사람을 가깝게 하고, 넓음은 사람을 따르게 하고, 깊음은 사람을 감동하게 한다."라고 했다. 감사하는 사람은 겸손한 사람이다. 겸손한 마음에 감사가 깃든다. 감사하는 사람은 칭찬을 아끼지 않는 사람이다. 칭찬으로 고래가 춤추는 세상이 아름답다는 것을 아는 사람이다. 감사하는 사람은 넓고 깊은 사람이다. 사람은 자기 그릇만큼 담는다. 종지만 한 가슴에는 한 대접 물도 담지 못한다. 그리 보면 감사라는 단어에는 세상의 아름다운 것들이 모두 담겨 있다.

40년 만에 서울 서대문구 홍은동 언덕배기에 자리 잡은 서울 삼덕교회에서 아내와 함께 예배를 보았다. 지금은 고인이 된 제1대 이만열 목사님의 사랑을 느끼고 추억을 만나기 위해서였다. 제3대 김웅배 목사님으로 이어진 교회는 아담하고 새롭게 단장된 모습이었다. 교회에 들어서려니 마치 옛 님을 만난 것처럼 마음이 설렜다. 유소년과 학생부 시절에 이 교회를 다니며 야학 봉사 활동도 열심히 했던 추억들이 아른거린다. 당시에 비록 달동네 삶의 어려운 환경이었지만, 이 목사님은 항상 희망을 잃지 말고 용기를 갖도록 북돋아 주셨다. 목사님은 98년 생애 중 30년을 중국, 홍콩 등 해외 선교를 하는 열정을 보이셨다. 2002년에는 그동안 받은 사례비를 모아서 장학기금 2억 원을 출연하여 임마누엘 장학회를 설립해 가정 형편이 어려운 학생들에게 장학금을 주셨다.

이 목사님은 성경에서 가르치는 사랑을 몸소 실천하셨다. 형편이 어려운 이웃을 자식처럼 보듬어 주시고 친손주처럼 보살펴 주셨다. 학생부 시절 어느 날인가 목사님이 기도하시면서 손수 우산을 선물로 주실 때는 마음이 울컥했다. 돌이켜 보면 목사님이 주신 기도의 힘이 담긴 우산은 어렵고 힘든 일이 있을 때마다 이를 견뎌내게 하는 버팀목이 되었다. 베풀어 주신 사랑에 깊은 감사의 마음이 새록새록 든다. 사랑과 감사는 떼려야 뗄 수 없는 동전의 양면이다. 목사님의 사랑은 내 가슴에 감사로 오래

남아 있다. 그 감사가 나를 삼덕교회로 인도했다.

미시간대학교 심리학과 크리스 피터슨 교수는 사람을 행복하게 만드는 데 정말 중요한 것이 무엇인지에 대한 실험을 했다. 그가 실험을 통해 찾아낸 것은 '행복 소질'이다. 무엇이 행복의 인자인지 알아낸 것이다. 그것은 바로 '희망, 사랑, 감사하는 태도'였다. 피터슨 교수는 감사는 노력으로 그 마음을 키워나갈 수 있다고 했다. 심리학자 에몬스는 "감사일기를 쓰는 사람은 쓰지 않는 사람보다 25% 더 행복하고, 밤마다 30분 더 깊이 자고, 매주 33% 더 운동한다."라고 했다. 감사는 상대에게 하는 것이지만 그 감사로 내가 행복해진다는 얘기다. "누이 좋고 매부 좋고"는 이럴 때 쓰는 말이다.

다음은 이솝 우화에 나오는 이야기다.

남매를 둔 아버지가 있었다. 아들은 미남인데 딸은 외모가 흉했다. 다행히도 서로 자기의 얼굴을 볼 기회가 없어 탈 없이 지냈는데, 어느 날 두 남매가 우연히 거울을 발견하고 함께 들여다보게 되었다. 오빠는 자기 얼굴을 보고 매우 흡족해 했지만, 누이동생은 크게 실망을 하고 말았다. 누이동생이 아버지를 찾아가 투정을 부리자 아버지는 웃으면서 남매에게 키스를 해주고 이렇게 말했다.

"나는 아들딸이 똑같이 사랑스럽다. 아들은 앞으로 거울을 보면서 잘생긴 얼굴이 나쁜 성질로 인해 더럽혀지지 않도록 노력하고 딸은 흉한 얼굴을 아름다운 마음씨로 덮을 수 있도록 노력해라."

감사하는 마음은 모든 것을 덮는다. 허물도 덮고, 미움도 덮고, 질투도 덮는다. 이웃의 허물이 자꾸 눈에 띄고 미움이 안에 가득하다면 그건 내 안에 감사가 시들고 있다는 증거다. 감사는 넉넉한 마음이고 포용하는 마음이다. 조약돌만 한 선물도 바위만 한 선물로 받아들이는 마음이다. 바다처럼 넓은 마음이다.

'범사에 감사하라'는 성경 데살로니가전서 5장 말씀은 시대를 초월한 황금률이다. 인생에는 희로애락(喜怒哀樂)의 굴곡이 있다. 좋은 일, 기쁜 일, 즐거운 일만 있는 것이 아니라 고통스러운 일, 불만스러운 일, 힘들고 고단한 일, 뜻대로 안 되는 아쉬운 일들이 닥쳐온다. 좋은 일에 감사하는 것은 쉬운 일이다. 어려운 것은 시련과 고난 그리고 아픔을 감사로 덮는 일이다. 불행을 원망하면 불행이 더 커진다. 그건 불행에 두 번 지는 일이다. 감사는 치유의 힘이 있다. 통증의 모서리를 갈아내는 힘이 있다. 절망을 늪에서 건져 올리는 힘이 있다. 부정을 긍정으로 바꾸는 힘이 있다. 어둠을 빛으로 바꾸는 힘이 있다.

손목을 다친 건 작은 불행이다. 하지만 생각을 바꾸는 그것은 감사한 일이었다. 뇌를 안 다쳐 감사하고, 허리를 안 다쳐 감사했다. 감사한 마음이 스며드니 손목을 다친 불행은 덩치가 훨씬 쪼그라들었다. 세상사 마음먹기에 달렸다. 원망의 눈으로 둘러보면 세상이 원망 천지고, 감사한 마음으로 둘러보면 세상이 다 감사한 것뿐이다.

행복의 문을 여는 열쇠는 감사다. 감사로 문을 열면 그 안에 아름다운 것들이 가득하다.

나누는 마음

며칠 전 아내 앞으로 한 통의 우편물이 도착했다. 세계적인 아동 구호 비정부기구(NGO)인 세이브더칠드런(Save the Children)이 보내온 감사 편지였다. 아내가 평소에 교회 호스피스 봉사 활동을 헌신적으로 한 줄은 알고 있었지만 10년간 소외된 아동들을 후원하는 작은 기부 천사 활동을 조용히 해 온 줄은 몰랐다. '오른손이 하는 일을 왼손이 모르게 하라'는 예수님의 말씀을 실천한 것이다. 아내의 마음이 따뜻하게 전해오면서도 한편으로 나 자신이 부끄러웠다. 후원 금액은 매월 3만 원으로 미미했지만 그 마음만은 바다처럼 크게 느껴졌다. 영국 사회활동가 에글렌타인 젭이 1919년에 설립한 세이브더칠드런은 100년 넘게 굶주리고 소외된 전 세계 어린이들을 돕고 있다.

아내가 후원을 시작한 연유를 들려주었다. 어렸을 적에 학교에서 돌아와 보니 아버지가 동네에 생활이 어려운 구두닦이 소년을 집으로 데려와

밥을 먹이고 계셨는데, 어린 마음에 '왜 집에 차림이 더러운 아이를 데려오지'라는 생각에 툴툴대다 아버지로부터 꾸중을 들었다고 했다. 자라면서 그때 일이 마음에 걸리고, 아버지를 닮고 싶다는 생각에 늦었지만 후원을 결심했다는 것이다. 아내는 후원을 하면서 아픈 사연을 품고 사는 어린이들에 대해 측은한 마음이 더 생겼다고 했다. 아내의 따뜻함은 익히 알고는 있었지만 얘기를 들으면서 마음의 온기가 고스란히 전해져왔다.

부창부수(夫唱婦隨)라고 했던가. 아내의 기부를 보며 나도 '나눔'을 생각하게 되었다. 나는 흙수저다. 하지만 흙수저로 태어나 도움 받고 사랑받으며 이만큼 누리고 살아왔다. 생각하면 넘치게 감사한 일이다. 여기까지 온 게 어디 나 자신의 노력만으로 가능한 일이겠는가. 가족, 직장 상사와 동료, 친구, 지인, 사회나 국가의 도움이 없었다면, 하나님의 사랑이 없었다면 지금의 삶을 누릴 수 있을까. 돌이켜보면 지금껏 내가 받아 누린 것이 베푼 것의 몇 곱절은 되는 듯하다.

세상에는 네 가지 유형의 사람이 있다고 한다. 나의 이익만 챙겨서 궁극적으로 남에게는 손해를 끼치는 사람, 자신은 손해도 안 보고 이익도 안 보는 사람, 진정으로 남을 위해 베풀고 봉사하는 사람, 실제는 베풀지 않으면서 자신은 베푼다고 생각하는 사람이 바로 네 가지 유형이다. 혹시 내가 자신의 이익만 챙기거나 실제는 베풀지 않으면서 남에게 베풀었다고 착각하는 유형이 아닌지 반성해본다. 사람은 타인의 티끌은 잘 보지만 자신의 흠집은 보지 못한다. 가장 가까우면서도 잘 보이지 않는 게 바로 '자기 자신'이다. 그러니 고요한 마음으로 자신 안을 깊이 들여다보는 시간을 가져야 한다. 나는 세상을 보는 안경이다. 내가 맑아야 세상이 맑게 보인다.

나는 김형석 교수를 존경한다. 100세 넘어도 건강한 삶을 닮고 싶고, 그분의 말씀대로 살고도 싶다. 삶과 글이 직선으로 일치하는 것 또한 김 교수님을 존경하는 이유다. "자신을 위해 한 일은 남는 것이 하나도 없고 남을 위해 한 일만이 남는다."는 김 교수님의 말에 깊이 공감한다. 남는 자는 떠난 자를 흔적으로 기억하고 추억한다. 그 흔적은 떠난 자가 취한 것이 아니라 남에게 베푼 것이 대부분이다. 베푼 흔적은 취한 흔적보다 생명력이 강하다.

모든 생명체는 씨앗에서 시작된다. 사람의 모든 행위는 마음에서 출발한다. 마음이 없으면 시작도 출발도 없다. 자선, 봉사, 이웃 돕기 등 나눔의 실천도 결국 시작은 마음이다. 마음이 없어도 보여주기식 일회성 나눔은 할 수 있다. 하지만 진정한 나눔은 나눔으로 내 마음이 행복해지는 것이다. 연탄을 나르고, 노숙자에게 배식을 하고, 환자를 돌봐주고, 장애인을 돕고 집으로 돌아오는 길에 내 마음이 행복한 것이 진짜 나눔이다. 사랑이 위대한 것은 주면서도 스스로 행복하기 때문이다. 나눔도 마찬가지다. 세상에 가치 있는 것은 상대를 밝히고 그 빛으로 나도 밝아지는 것들이다. 사랑이 그렇고, 나눔이 그렇고, 돌봄이 그렇다.

아내의 나눔을 보면서 나를 되돌아보았다. 머리를 굴려 좁쌀만 한 나눔을 꺼내보았다. 사회에 첫발을 내디뎠을 때 다니던 교회에서 가정 형편이 어려운 학생들을 대상으로 야학했던 일, 오래전 장신 리더십 아카데미 현장 봉사 체험으로 아내와 함께 청량리역 '밥 퍼' 행사에서 노인 분들에게 배식하고 설거지를 했던 일, 3년 전 대학 교수 시절 가정 형편이 어려운 학생에게 장학금 500만 원을 전달한 게 전부였다. 태산만큼 받고 조약돌 서너 개 나눠 준 셈이다. 부끄럽지만 내 삶에 지속적 나눔이 부족했음을 고백한다. 그래도 다시 돌이켜보면 조약돌 서너 개 나눠줄 때는 스스로가 참으로 뿌듯했다. '늘 감사하라'는 성경 말씀은 어쩌면 '늘 나누고 살아라'의 다른 표현인지도 모른다. 하나님은 사랑이고, 사랑은 나누는 마음이다.

정말 작지만 최근 지속적으로 할 수 있는 기부 프로그램에 동참했다. '네이버 해피빈'이라는 기부 프로그램이다. 블로그에 글을 쓸 때마다 100원의 콩이 적립되고 이 콩을 기부하는 데 쓸 수 있다. 2022년 9월부터 블로그를 시작했기에 적립된 콩이 많지는 않다. 유소년 시절 어려움을 극복하는 데 많은 도움을 주었던 이웃에 감사한 마음으로 앞으로 '10살 지웅이의 춥고 서글픈 겨울'(세이브더칠드런)에 기부하는 것으로 약정했다. 블로그에 나 자신의 일상적 기록을 남겨서 이웃들과 '긍정의 힘'을 나누고 지속적으로 기부도 할 수 있으니 일석삼조의 의미가 있지 않을까 생각된다. 게으름 피우지 않고 글을 써서 적립금도 높이자고 다짐한다. 도움의 손길이 필요한 곳으로 눈길을 돌려 한 톨이라도 나눔의 씨앗을 더 심으려고 한다.

바이러스는 전파력이 강하다. 코로나19 바이러스는 전파 속도가 얼마나 빠른지를 생생하게 보여주었다. 나눔과 기부의 바이러스도 전파력이 엄청나다. 나눔은 나눔으로 이어져 세상을 촘촘한 나눔의 거미줄로 덮는다. 세상이 나눔의 거미줄로 덮이면 사랑을 나누는 세상, 서로 꿈을 꾸는 세상, 밀고 당기며 앞으로 걸어가는 세상이 된다. 나눔의 나비효과는 대단하다. 나눔 하나가 물결을 일으켜 파도가 된다. 희망이 넘실대는 바다, 꿈이 춤추는 바다, 사랑이 가득한 바다가 된다.

나눔은 사랑이다. 꿈을 꾸게 하고, 고난을 견디게 하고, 용기를 내게 한다. 사랑을 받아본 사람이 사랑을 주고, 은혜를 입은 사람이 은혜를 베풀고, 용서를 받아온 사람이 남을 용서한다. 그 이치를 알기에 부모는 자식에게 듬뿍 사랑을 주고, 큰 허물도 용서하고 보듬는다. 사랑의 두루마기를 입은 사람은 언젠가 그 두루마기를 남에게 입혀준다. 살 만한 세상은 그런 두루마기를 여기저기서 돌려가며 입혀주는 세상이다. 나눔의 세포가 거미줄처럼 여기저기에 매달려 있는 세상이다. 연구에 의하면 기부나 자원봉사에 참여하는 사람의 삶 만족도가 그렇지 않은 사람보다 월등히 높다고 한다. 나눔과 봉사는 자기애의 발현이다. 자기 스스로를 아끼지 않는 사람은 이웃과 나누지도 못한다.

나눔에는 엄청난 '긍정의 힘'이 있다. 그 힘은 나를 풍성하게 하고, 사회를 풍요롭게 한다. 심리학에서는 나눔을 '친사회적 행동(Pro-Social Behavior)'과 유사한 개념으로 본다. OECD에서는 친사회적 행동에 대한 지표를 봉사의 시간, 자선단체 기부, 타인에 대한 도움 등 세 가지를 물어 측정한다. 친사회적 행동 지수가 높은 나라가 진정한 선진국이다. 이타심이 이기심보다 풍성한 나라, 베풀고 나누는 마음이 따뜻한 나라, 용서하고 품어주는 마음이 넘실대는 나라가 진정한 선진국이다. 누구나 마음 밭에 나눔과 봉사의 씨앗이 있다. 하지만 씨앗은 절로 자라지 않는다. 흙을 덮어주고, 물을 주고, 바람도 막아줘야 한다. 나눔은 말로 베푸는 구두선이 아니다. 밥 한 그릇을 나누고, 차 한 잔을 나누는 게 진짜 나눔이다. 윈스턴 처칠은 "우리는 일로 생계를 유지하지만 나눔은 인생을 만들어간다."고 했다.

장애인 기업종합지원센터 중소기업 전문 평가위원으로 화곡동에 있는 복권방 업체를 방문해 A 사장을 만난 적이 있다. 그는 서울 모 구청 행정직 공무원으로 10여 년간 일하다가 퇴직하고 2022년 10월 말 복권방 사업을 시작한 중증 지체 장애인이다. 중증 장애인이라 신청한 지 10년 만에 자격을 얻어 어렵게 창업을 했지만 어려움이 많다고 했다. 창업 초기라 월 매출액이 3,000만 원 정도밖에 되지 않는 데다 마진율이 5%여서 복권방 월세를 내는 것도 만만치 않다고 했다. 복권 사업은 정부 국책사업으로 매출의 50%는 복권기금으로 조성되어 주로 저소득층, 장애인, 불우 청소년 등 소외 계층을 돌보는 공익사업에 사용되고 45%는 복권 발행 운영 업체에서 사용한다.

A 사장과 대화를 나누다 '복사, 인쇄, 스캔, 팩스 장당 100원~500원. 요금은 전액 연말에 불우 이웃 성금으로 기부함'이라고 써 있는 문구를 보고 무슨 사연이 있는지를 물었다. 그가 쑥스러운 듯 웃으며 까닭을 들려줬다.

"그동안 중증 장애인으로 살면서 많은 도움을 받아왔기에 서로 나누면서 사는 게 사람의 도리라는 생각이 들었습니다. 그래서 적은 돈이라도 모아 연말에 주민센터 복지과에 불우이웃 돕기 성금으로 기탁하고 있습니다. 받은 것이 너무 많은데 다 돌려드리지는 못하더라도 사정이 어려운 누군가에게 조그마한 마음이라도 보태고 싶습니다. 저는 항상 감사하며 삽니다. 이건 감사한 마음의 작은 표현이지요."

가슴속에서 잔잔한 울림이 일었다. 본인이 중증 지체 장애인임에도 불구하고, 아직 창업 초기라 수익이 나지 않는 어려움이 있는데도 불우 이웃을 돕는 그 마음이 얼마나 착하고 아름다운가. 나는 평소에 복권을 사지 않지만 그를 응원하는 마음으로 평생 살 복권을 한 번에 구입했다. 세상 인심이 척박하다지만 둘러보면 비옥한 인심도 아주 많다. 그러니 살 만한 세상이다.

2차 세계대전 말기 아우슈비츠 수용소에 수용되었다가 극적으로 풀려난 유대인 정신과 의사 빅터 프랭클은 『죽음의 수용소』에서, 수용소 안에는 자신의 생존만을 위해 나치의 끄나풀이 되어 다른 이를 가스실로 보내는 이기적이고 사악한 자들도 있었지만 자신의 빵을 나누어 주며 더 고통스러운 이를 돕는 고귀한 사람도 있었다고 회고했다. A 사장도 그런 사람이다. 자신이 먹을 빵조차 부족하지만 형편이 어려운 누군가에게 아낌없이 한 조각을 떼어주는 고귀한 사람이다. 고귀함은 밖으로 드러난 치장이 아니라 안에서 우러나는 깊은 인품에서 나온다.

예수와 석가, 알베르트 슈바이처, 마더 테레사, 이태석 신부, 국경없는 의사회 사람들… 세계 곳곳에서 그리고 우리 주변에서 흩어져 말없이, 이름도 빛도 없이 묵묵히 실천하는 나눔의 손길이 아름답다.

나눔에 어울리는 짝들은 많다. 겸손, 배려, 관심, 감사, 공감은 나눔과 친한 친구들이다. 반면 탐욕, 이기심, 편견, 허영, 위선은 나눔과 결이 사뭇 다르다. 근묵자흑(近墨者黑), 가까이 있으면 서로 닮는다. 그러니 내가 안 보이면 옆을 보면 된다. 물질 만능의 시대, 자기 우선주의 시대, 참교육 부재의 시대, 공감 상실의 시대는 21세기에 붙어 다니는 우울한 수식어들이다. 하지만 거꾸로 생각하면 불우한 이웃을 보듬는 따뜻한 마음, 남의 처지를 헤아리는 역지사지의 마음, 더불어 살려는 함께하는 마음이 있기에 세상이 어둠에서 빛으로 나온 것인지도 모른다.

삶은 늙어가는 게 아니라 익어가는 것이라고 했다. 장애인 복권방 사장은 초가을 감처럼 붉고 곱게 익어가고 있었다.

노을은 아직도 붉다

둥지를 떠나면 누구나 잠시 길을 헤맨다. 나도 대학 교수에서 퇴임하고 몇 달 동안은 되새김질을 하며 보냈다. 2022년의 봄날은 따스했지만 가슴은 허전했다. 채우고 비우고, 다시 채우는 게 인생이다. 종착지는 또 다른 출발역이다.

사람들은 저마다의 소중한 인연이 있다. 어느덧 60대 중반에 접어든 내게도 귀한 인연이 있다. 1983년 8월, 삼성그룹의 모태인 삼성물산 경리과에 근무하면서 외환과에 있는 분과 첫인사를 나누었다. 그분은 이후 오사카 지사 관리 담당 주재원으로 근무했는데 마침 나는 1987년 4월에 오사카 지사 주재근무 발령을 받고 그분의 후임자가 되었다. 그렇게 맺어진 인연은 40년간 '행복한 동행'으로 이어져 오고 있다. 회사의 선배이자 일본 주재원 전임자인 그분은 삶의 길목마다 나침반이 되었다.

그분은 바로 디지털책쓰기코칭협회 가재산 회장님이다. 디지털문인협회 부회장, 책 글쓰기대학 회장을 맡고 있으며 수필가로도 등단해 70대의 청춘을 살고 계신다. 저서만도 30여 권에 달한다. 평소에 존경하고 부러워하는 그분이 어느 날 "이제는 시간 여유도 있을 테니 글쓰기 공부를 해서 책을 한 번 내보라."고 권유했다. 과분한 주문이었지만 갈림길마다 길이 되어 주신 분이니 솔직히 솔깃하기도 했다. 하지만 선뜻 '네'라고 답할 엄두는 나지 않았다. 순간 자신에게 되물었다. '독서량이 적고 글쓰기 소양도 부족한 내가 과연 책을 낼 수 있을까?'

용기가 부족한 자에게는 간혹 뒤에서 밀어주는 손길이 필요하다. 나름 속앓이만 하고 있던 차에 그분이 반강제적으로(?) 한국디지털문인협회에 가입시켰다. 누가 밀어주면, 다음은 내 발로 한 걸음씩 내디뎌야 한다. 마침 강남구 가족센터에서 실시한 스마트폰을 활용한 블로그 교육 수강을 마친 터라 용기를 내어 블로그 '긍정의 힘'을 개설했다. 그리 보면 내 인생 글쓰기의 전환점은 2022년 9월이었다. 전환점은 걸어온 길의 끝점이자 걸어갈 길의 시작점이다.

나는 한 번 꽂히면 거기에 몰입하는 편이다. 예전에 아내로부터 회사 출근길에 그날 꼭 처리해 달라는 부탁을 받고도 회사 일에 빠져 깜박한 적이 여러 번 있었다. 깜빡증으로 아내에게 면박도 받고 자책도 했지만 그때뿐이었다. 어딘가에 꽂히면 그것만 보이는 것은 지금도 마찬가지다. 책 쓰기를 위한 글쓰기가 심적으로 부담이 되는 것은 사실이었지만 그것은 가슴을 뛰게 하는 일이기도 했다. 블로그에 경험과 추억을 일기 형식으로 되돌려 쓰니 지나온 일들이 파릇파릇 되살아났다. 글쓰기는 예상치 못한 설렘이자 즐거움이었다. 청춘이 사랑으로 설레듯, 중년의 나는 글쓰기로 설렜다. 블로그 글들을 주변의 가까운 친구, 지인들과 공유하면서 공감의 마당도 활짝 넓혔다. 글을 타고 새로운 세상이 온 것이다.

우연은 인연과 자주 마주친다. 협회 단톡방에 이삭빛 시인이 올린 '제2회 정인승 선생 정신선양 전국 글짓기대회' 포스터에 눈길이 꽂혔다. 전북 장수군 주최, 2022년 9월 20일 제출 마감, 한글과 관련 산문 주제, A4용지 3매 이상이 골자다. 눈길에 꽂히니 마음에 불꽃이 피어올랐다. 글을 제출하고 결과를 기다리는데 모르는 전화번호가 울렸다. 나도 모르게 가슴이 두근댔다. 2022년 9월 27일, 날짜도 기억에 생생하다. 정인승 한글학교 송창점 교장 선생님의 전화였다. 일반부 금상에 합격했으니 시상식에 오란다. 문득 초등학교 5학년 때《소년조선일보》가 주최한 글짓기에서 동시(童詩)로 입선한 기억이 떠올랐다. 취미 수준의 글쓰기지만 아예 젬병은 아닌가 본다. 그럼 갈고닦으면 조금은 나아지지 않겠나.

시상식은 전화를 받은 바로 다음 날이었다. 장수로 가는 길의 양쪽에는 설렘이 가로수처럼 서 있었다. 가을 하늘은 푸르고 드높았다. 창밖으로 펼쳐진 산천은 한편의 시이자 노래였다. 이 아름다운 산천을 글로 담았으면 하는 분에 넘치는 욕심도 살짝 생겼다. 상을 받은 뒤 독립운동가이며 한글학자인 정인승 기념관을 관람했다. 그의 한글 사랑이 가슴으로 전해왔다. "호랑이는 죽어서 가죽을 남기고 사람은 죽어서 이름을 남긴다."고 했다. 세종대왕은 한글을 남겼고, 정인승 한글학자는 한글 사랑을 남겼다. 가죽이 있기에 호랑이를 생각하고, 이름이 있기에 역사와 추억을 떠올린다. 실존주의 철학자 마틴 하이데거는 "언어는 존재의 집"이라고 했다. 우리는 언어 안에서 언어로 산다. 그러니 세종대왕과 정인승 한글

학자는 우리에게 우아한 궁궐을 지어준 셈이다.

부푼 설렘은 서울로 오는 길에서 조금 가라앉았다. 머리를 숙인 벼는 겸손하게 손을 모으는 엄마의 마음을 닮았다. 차 안에서 올려다본 장수 하늘은 말 그대로 장관이다. 빨갛게 물든 저녁 노을이 붉은빛을 산천에 뿌려댄다. 푸른 하늘이 어찌 저리 붉게 물들 수 있을까. 빛은 왜 또 그리 찬란한가. 그건 하늘과 들판에 펼쳐진 거대한 갤러리 전시회였다.

철학자 니체는 『짜라투스트라는 이렇게 말했다』에서 "몰락해 가는 자는 위대한 정오에 짐승에서 초인에 이르는 길 한가운데 서 있다. 저녁을 향해 나아가는 길이 최고의 희망으로 축복하는 길이다."라고 했다. 니체가 말한 위대한 정오는 그림자 같은 허상이 사라지는 순간이자 하루의 일과를 마친 시간이다. 장수의 하늘에 떠 있던 태양이 저물었으니 장수가 지금 정오인 셈이다. 나도 정년으로 큰 일과를 마쳤으니 내 삶의 시계도 정오를 막 지났다. 미국인이 존경하는 벤저민 프랭클린은 독학으로 세상을 배웠다. 그러기에 "자신의 능력을 감추지 마라. 재능은 쓰라고 주어진 것이다. 그늘 속의 해시계가 무슨 소용이 있겠는가."라는 그의 말은 울림이 크다. 옥은 갈수록 아름답고 재능은 갈수록 빛이 난다.

내 나이 60을 건너 70을 바라보며 걸어간다. 내 삶의 태양도 서쪽으로 많이 기울었다. 하지만 그 빛이 아직도 싱싱하고 아름다우니 나는 나이에 쉽게 지지 않을 것이다. 글쓰기로 설레고, 나눔으로 사회를 밝히며 겁먹지 않고 당당히 내일을 맞을 것이다. 내 삶의 노을은 아직도 붉고 아름답다.

바다를 꿈꾸는 개구리
성공과 행복을 부르는 긍정의 힘

ⓒ 유영석, 2023

1판 1쇄 인쇄_2023년 04월 20일
1판 1쇄 발행_2023년 04월 30일

지은이_유영석
펴낸이_홍정표
펴낸곳_글로벌콘텐츠
　　　등록_제25100-2008-000024호

공급처_(주)글로벌콘텐츠출판그룹
　　　대표_홍정표 이사_김미미 편집_임세원 강민욱 백승민 문방희 권군오 기획·마케팅_이종훈 홍민지
　　　주소_서울특별시 강동구 풍성로 87-6
　　　전화_02) 488-3280 팩스_02) 488-3281
　　　홈페이지_http://www.gcbook.co.kr
　　　이메일_edit@gcbook.co.kr

값 16,000원
ISBN 979-11-5852-386-2 03190